Noveller på Finska

Korta berättelser på Finska för nybörjare och elever på mellanstadiet

Elias Koskinen

greenthumbpublishing@gmail.com

Innehåll

Introduktion

Att läsa på ett främmande språk är ett av de mest effektiva sätten att förbättra språkkunskaperna och utöka ordförrådet. Det kan dock ibland vara svårt att hitta engagerande läsmaterial på en lämplig nivå som ger en känsla av prestation och framsteg. De flesta böcker och artiklar som är skrivna för modersmålstalare kan vara för långa och svåra att förstå eller ha ett ordförråd på mycket hög nivå så att du känner dig överväldigad och ger upp. Om dessa problem låter bekanta är den här boken något för dig!

Noveller på Finska är en samling av 25 okonventionella och underhållande noveller som är utformade för att hjälpa nybörjare och elever på mellannivå Finska att förbättra sina språkkunskaper.

Dessa noveller skapar en stödjande läsmiljö genom att innehålla:

- Ett rikt språkligt innehåll i olika genrer som underhåller dig och ger dig en mängd olika ordformer.
- Kortare berättelser i kapitel för att ge dig nöjet att avsluta berättelser och göra snabba framsteg.
- Texter som är skrivna på din nivå så att de är lättare att förstå och inte överväldigande.
- Svensk översättning på växlande sidor, så att du kan läsa den rad för rad när du läser berättelsen Finska.
- Nyckelord är tryckta i fetstil i berättelsen och översättningen för att hjälpa dig att lättare förstå okända ord.
- Förståelsefrågor för att testa din förståelse av viktiga händelser och för att uppmuntra dig att läsa mer i detalj.

Oavsett om du vill utöka ditt ordförråd, förbättra din förståelse eller bara läsa för skojs skull är den här boken det största steget framåt du kan ta i dina studier i år. Noveller på Finska ger dig allt stöd du behöver, så luta dig tillbaka, slappna av och låt fantasin flöda när du förflyttas till en magisk värld av äventyr, mysterier och intriger - på Finska!

Hur du använder den här boken

Läsning är en svår talang att bemästra. Vi använder en rad mikrofärdigheter för att hjälpa oss att läsa på våra modersmål. Vi kan till exempel skumma ett avsnitt för att få en grov förståelse, eller en kontentan, av vad det handlar om. Vi kan också kamma igenom många sidor i en tågplan för att hitta en viss tid eller plats. Medan dessa mikrofärdigheter är en självklarhet när vi läser på våra modersmål, visar forskning att vi ofta glömmer de flesta av dem när vi läser på ett främmande språk. När vi lär oss ett främmande språk börjar vi vanligtvis i början av en text och arbetar oss igenom den och försöker förstå varje enskilt ord. Det är oundvikligt att vi stöter på obekanta eller komplicerade termer och blir irriterade över vår oförmåga att förstå dem.

En av de största fördelarna med att läsa på ett främmande språk är att du får tillgång till ett stort antal fraser och uttryck som används i vardagliga situationer. Extensiv läsning är en term som används för att beskriva läsning för nöjes skull för att lära sig ett språk. Det är inte som att läsa en lärobok, då konversationer eller texter är utformade för att läsas långsamt och noggrant med målet att förstå varje ord. "Intensiv läsning" avser läsning som görs för att uppnå specifika inlärningsmål eller slutföra uppgifter. För att uttrycka det på ett annat sätt: grundlig läsning i läroböcker hjälper vanligtvis till att lära sig grammatiska regler och särskilt ordförråd, men omfattande läsning av berättelser hjälper till att lära sig det naturliga språket.

Noveller på Finska ger dig möjligheter att lära dig mer

om det naturliga Finska språket i bruk, även om du kanske har börjat din språkinlärningsresa med enbart läroböcker. Här är några tips att tänka på när du läser berättelserna i den här boken för att få ut så mycket som möjligt av dem: När det gäller läsning är nöje och en känsla av att ha uppnått något avgörande. Du fortsätter att komma tillbaka för mer eftersom du tycker om det du läser. Att läsa varje berättelse från början till slut är den bästa metoden för att njuta av att läsa berättelser och känna sig fulländad. Följaktligen är det mest avgörande att komma till slutet av en berättelse. Det är faktiskt mer avgörande än att kunna varje enskilt ord.

Ju mer du läser, desto mer kunskap får du. Om du läser större böcker för nöjes skull kommer du snabbt att få kunskap om hur Finska fungerar. Tänk dock på att för att få alla fördelar av omfattande läsning måste du först läsa en tillräckligt stor volym. Om du läser några sidor här och där kan du kanske lära dig några nya ord, men det kommer inte att göra någon större skillnad i din totala nivå av Finska.

Acceptera att du inte kommer att förstå allt du läser i en roman. Detta är utan tvekan den viktigaste punkten! Kom alltid ihåg att det är helt acceptabelt att inte förstå alla ord eller meningar. Det innebär inte att dina språkkunskaper är otillräckliga eller att du presterar dåligt. Det tyder på att du aktivt deltar i inlärningsprocessen.

Läsguide

För att få ut så mycket som möjligt av att läsa Noveller på Finska är det bäst om du följer denna enkla läsprocess i sex steg för varje kapitel i berättelserna:

1. Läs kapitlets titel. Tänk på vad berättelsen kan handla om. Läs sedan berättelsen hela vägen igenom. Ditt mål är helt enkelt att nå slutet av berättelsen. Stanna därför inte upp för att slå upp ord och oroa dig inte om det finns saker som du inte förstår. Försök helt enkelt att följa handlingen.

2. När du når slutet av berättelsen ska du skanna den svenska översättningen för att se om du har förstått vad som har hänt och ta upp eventuella sammanhang som du kan ha missat.

3. Gå tillbaka och läs samma berättelse igen. Om du vill kan du fokusera mer på berättelsens detaljer än tidigare, men annars är det bara att läsa igenom den en gång till.

4. Arbeta sedan igenom förståelsefrågorna i Finska för att kontrollera din förståelse av viktiga händelser i berättelsen. Om du inte förstår frågorna helt och hållet ska du inte oroa dig. Använd dina kunskaper för att svara så gott du kan.

5. Vid det här laget bör du ha en viss förståelse för de viktigaste händelserna i kapitlet. Om inte kan du läsa om kapitlet några gånger med hjälp av översättningen för att kontrollera okända ord och fraser tills du känner dig säker.

När du är redo och säker på att du förstår vad som har

hänt - oavsett om det är efter en eller flera läsningar av berättelsen - går du vidare till nästa berättelse och fortsätter att njuta av berättelsen i din egen takt, precis som du skulle göra med vilken annan bok som helst.

Först när du har avslutat en berättelse i sin helhet bör du överväga att gå tillbaka och studera berättelsespråket mer ingående om du vill. Eller i stället för att oroa dig för att förstå allt, ta dig tid att fokusera på allt du har förstått och gratulera dig själv till allt du har gjort.

Noveller på Finska

Elias Koskinen

Helsinki

Aurinko oli laskemassa Helsingin ylle, kun kävelin **kadulla**. Kaupunki oli niin **kaunis** vanhoine rakennuksineen ja mukulakivikatuineen. Minusta tuntui kuin olisin ollut eri maailmassa. Käännyin kulman takaa ja näin taidegallerian kyltin. Päätin mennä sisään, koska rakastan taidetta. Galleria oli pieni, mutta siellä oli todella uskomattomia maalauksia esillä. Yksi maalaus kiinnitti erityisesti huomioni; siinä oli **nainen** kävelemässä kukkapellon läpi. Se näytti niin rauhalliselta ja seesteiseltä. Päädyin viettämään galleriassa tunteja ihaillen kaikkia taideteoksia. Kun lopulta lähdin, ulkona oli jo **pimeää.**

Kun kävelin takaisin hotellille, en voinut olla tuntematta **kiitollisuutta** tästä upeasta kaupungista ja kaikesta siitä, mitä sillä on tarjota. Seuraavana päivänä heräsin aikaisin ja päätin **tutkia** Helsinkiä lisää. Kävelin jonkin aikaa ympäriinsä, ihailin arkkitehtuuria ja katselin nähtävyyksiä. Lopulta päädyin Senaatintorille, jossa on joitakin Helsingin tärkeimpiä rakennuksia. Olin juuri lähdössä, kun näin **ryhmän** ihmisiä kerääntyvän jonkin ympärille. Menin katsomaan, mistä oli kyse, ja näin, että he katselivat hevosella ratsastavan miehen patsasta. Miehen nimi oli Carl Gustaf Emil Mannerheim, ja hän oli merkittävä henkilö Suomen **historiassa**. Jäin sinne

Helsingfors

Solen höll på att gå ner över Helsingfors när jag gick på **gatan**. Staden var så **vacker med** sina gamla byggnader och kullerstensgator. Det kändes som om jag befann mig i en annan värld. Jag svängde runt ett hörn och såg en skylt för ett konstgalleri. Jag bestämde mig för att gå in eftersom jag älskar konst. Galleriet var litet men hade några riktigt otroliga målningar utställda. En målning i synnerhet fångade mitt öga; den föreställde en **kvinna som** gick genom ett blomsterfält. Den såg så fridfull och lugn ut. Det slutade med att jag tillbringade timmar i galleriet och beundrade alla konstverk. När jag äntligen gick därifrån var det **mörkt** ute.

När jag gick tillbaka till mitt hotell kunde jag inte låta bli att känna mig **tacksam** för denna fantastiska stad och allt som den har att erbjuda. Jag vaknade tidigt nästa dag och bestämde mig för att **utforska** mer av Helsingfors. Jag gick runt ett tag och beundrade arkitekturen och tog in sevärdheterna. Så småningom tog jag mig till Senatstorget, där det finns några av de viktigaste byggnaderna i Helsingfors. Jag skulle just gå därifrån när jag såg en **grupp** människor som samlades kring något. Jag gick över för att se vad som pågick och såg att de tittade på en staty av en man på en häst.

hetkeksi kuuntelemaan tarinoita, joita ihmiset kertoivat hänestä. Oli kiehtovaa oppia ihmisestä, jolla oli niin suuri vaikutus tähän maahan.

Vietettyäni jonkin aikaa **torilla** päätin käydä syömässä jotain. Löysin söpön pienen kahvilan ja tilasin kupin kahvia ja leivoksen. Kun istuin nauttimassa **välipalaa**, huomasin, että ohi käveli joukko ihmisiä kameroiden kanssa. He olivat selvästi turisteja. Sain yhtäkkiä idean; miksi en esittelisi heille Helsinkiä? Söin ruokani loppuun ja lähestyin ryhmää. He olivat **iloisia** siitä, että joku näytti heille paikkoja, joten vietimme loppupäivän tutustuen kaupunkiin yhdessä. Kävimme kaikenlaisissa paikoissa, kuten kirkoissa, museoissa ja jopa huvipuistossa! Päivä oli niin hauska, ja olen varma, että he muistavat Helsingissä viettämänsä ajan aina minun ansiostani.

Mannen hette Carl Gustaf Emil Mannerheim och var en viktig person i Finlands **historia**. Jag stannade där ett tag och lyssnade på de historier som folk berättade om honom. Det var fascinerande att lära sig om någon som hade en sådan betydelse för det här landet.

Efter att ha tillbringat lite tid på **torget** bestämde jag mig för att äta något. Jag hittade ett sött litet café och beställde en kopp kaffe och ett bakverk. När jag satt där och njöt av mitt **mellanmål** såg jag en grupp människor gå förbi med kameror. De var uppenbarligen turister. Plötsligt fick jag en idé; varför inte visa dem runt i Helsingfors? Jag åt upp min mat och gick sedan fram till gruppen. De var **glada över att** någon visade dem runt, så vi tillbringade resten av dagen med att utforska staden tillsammans. Vi gick till alla möjliga olika platser, bland annat kyrkor, museer och till och med en nöjespark! Det var en så rolig dag och jag är säker på att de alltid kommer att minnas sin tid i Helsingfors tack vare mig.

Ymmärtämisen kysymykset

1. Mitä kirjailija teki saapuessaan Helsinkiin?

2. Mitä mieltä kirjailija oli kaupungista?

3. Mitä kirjailija teki nähdessään taidegallerian kyltin?

4. Mikä oli kirjailijan suosikkitaulu galleriassa?

5. Miltä kirjailijasta tuntui, kun hän lähti galleriasta?

6. Mitä kirjailija teki seuraavana päivänä?

7. Minne kirjailija meni toisena päivänä?

8. Mitä kirjailija näki ollessaan Senaatintorilla?

9. Mitä kirjailija teki, kun hän sai idean näyttää turisteille paikkoja?

10. Missä paikoissa kirjailija ja turistit kävivät?

Frågor om förståelse

1. Vad gjorde författaren när hon kom till Helsingfors?

2. Vad tyckte författaren om staden?

3. Vad gjorde författaren när hon såg skylten för konstgalleriet?

4. Vilken var författarens favoritmålning i galleriet?

5. Hur kände sig författaren när hon lämnade galleriet?

6. Vad gjorde författaren nästa dag?

7. Vart tog författaren vägen den andra dagen?

8. Vad såg författaren när hon var på Senatstorget?

9. Vad gjorde författaren när hon fick idén att visa turisterna runt?

10. Vilka platser besökte författaren och turisterna?

Jääkiekko

Kanadassa oli kylmä talvipäivä, ja jäähallissa oli **paljon** ihmisiä luistelemassa ja pelaamassa jääkiekkoa. Heidän joukossaan oli nuori poika nimeltä Timmy, joka rakasti **jääkiekon** pelaamista. Hän oli luistellut siitä asti, kun hän oli osannut kävellä, ja hänen unelmansa oli pelata jonain päivänä NHL:ssä. Timmyn vanhemmat olivat iskostaneet häneen rakkauden jääkiekkoon jo nuoresta pitäen. Hänen isänsä oli pelannut puoliammattilaisena ennen kuin **loukkaantuminen** lopetti hänen uransa, joten hän valmensi Timmyä ja hänen ystäviään paikallisessa joukkueessa. Hänen äitinsä työskenteli areenalla myymässä anniskelumyyntiä, joten hän varmisti aina, että Timmy sai **luistimet** ja mailat. Timmy vietti jokaisen hetken jäällä, kun hän ei ollut koulussa tai tehnyt läksyjä.

Hän luisteli koulun jälkeen tuntikausia pimeään asti, meni sitten kotiin **syömään** ja aloitti kaiken alusta seuraavana päivänä. Hänen taitonsa paranivat nopeasti, kun hän harjoitteli jatkuvasti, mutta jotkut asiat jäivät häneltä edelleen huomaamatta, kuten mailan käsittely puolustajien ympärillä tai tarkat syötöt **pieniin** tiloihin. Yksi asia, joka tuli Timmylle kuitenkin luonnostaan, oli maalien tekeminen. Aina kun oli peli, oli se sitten minkä tasoinen tahansa, hän huomasi tekevänsä pisteitä jatkuvasti paremmin kuin kukaan

Ishockey

Det var en kall vinterdag i Kanada och isbanan var **full** av människor som åkte skridskor och spelade hockey. Bland dem fanns en ung pojke som hette Timmy, som älskade att spela **hockey**. Han hade åkt skridskor sedan han kunde gå och hans dröm var att en dag spela i NHL. Timmys föräldrar hade ingjutit en kärlek till hockeyn i honom från en tidig ålder. Hans pappa hade spelat halvproffs innan en **skada** satte stopp för hans karriär, så han tränade Timmy och hans vänner i det lokala laget. Hans mamma arbetade på arenan och sålde koncessioner, så hon såg alltid till att Timmy hade tillgång till **skridskor** och klubbor. Timmy tillbringade varje vaken stund på isen när han inte var i skolan eller gjorde läxor.

Han åkte skridskor i timmar efter skolan tills det blev mörkt, gick hem för att **äta middag** och gjorde om allt igen nästa dag. Hans färdigheter förbättrades snabbt genom att han ständigt tränade, men det fanns fortfarande en del saker som han inte kunde, till exempel att hantera klubban runt försvarare eller att göra exakta passningar i **små** utrymmen. En sak som var naturlig för Timmy var dock att göra mål. Varje gång det var en match, oavsett vilken nivå det var, fann han sig själv i att göra poäng bättre än någon annan där ute. Det verkade som att oavsett var han sköt så gick det

muu. Näytti siltä, että riippumatta siitä, mihin hän ampui, se meni sisään. Näin useimmat ihmiset tunsivat hänet nimellä “The Kid Who Scores All The Time”. Vaikka he eivät koskaan sanonut sitä suoraan hänen **kasvonsa** , oli joitakin lapsia, jotka ajattelivat tämä lempinimi ei ollut kovin siistiä , koska he näkivät itsensä enemmän “jääkiekkoilijoita” ‘ eikä vain maalintekijöitä . He moittivat häntä usein siitä, että hän oli hyvä vain yhdessä asiassa, mutta Timmy ei välittänyt; hän rakasti maalien tekemistä **riippumatta siitä,** mitä muut ajattelivat siitä.

Eräänä päivänä Timmyn taidot joutuivat koetukselle pelissä yhtä liigan parhaista joukkueista vastaan. Hänen joukkueensa oli kahden maalin tappiolla, kun kolmatta erää oli jäljellä vain muutama minuutti. Timmy oli jo tehnyt kaksi maalia ottelussa, mutta hänen **joukkuetovereillaan** oli vaikeuksia pysyä toisen joukkueen nopeuden ja taitojen perässä. Ajan loppuessa Timmy otti tilanteen omiin käsiinsä ja luisteli laidasta laitaan, minkä jälkeen hän laukoi rannelaukauksen yläkulmaan ohi maalivahdin **hanskan**. Sitten hän valmisteli toisen maalin täydellisellä syötöllä tasoittaakseen pelin varsinaisen peliajan lopulla. Lisäajalla hän viimeisteli hattutemppunsa tekemällä maalin vielä toisella **läpiajolla**. Kun kaikki oli sanottu ja tehty, Timmyn joukkue voitti 5-4 hänen sankaritekojensa ansiosta. Sinä iltana hän meni kotiin ja haaveili **pelaavansa** jääkiekkoa Madison Square Gardenissa, kuten niin monet suurmiehet ennen häntä.

in. Det var därför de flesta kände honom som “The Kid Who Scores All The Time”. Även om de aldrig sa det direkt **till** honom fanns det några barn som tyckte att detta smeknamn inte var särskilt coolt eftersom de såg sig själva mer som “hockeyspelare” än bara målskyttar. De gav honom ofta kritik för att han bara var bra på en sak, men Timmy brydde sig inte, han älskade att göra mål **oavsett** vad andra tyckte om det.

En dag sattes Timmys färdigheter på prov i en match mot ett av de bästa lagen i ligan. Hans lag låg under med två mål med bara några minuter kvar av den tredje perioden. Timmy hade redan gjort två mål i matchen, men hans **lagkamrater hade** svårt att hålla jämna steg med det andra lagets snabbhet och skicklighet. När tiden var ute tog Timmy saken i egna händer och åkte skridskor från ena sidan till andra sidan innan han sköt ett handledsskott i det övre hörnet förbi målvaktens **handske**. Han satte sedan upp ytterligare ett mål med en perfekt passning för att utjämna matchen i slutet av den ordinarie matchen. I förlängningen fullbordade han sitt hattrick genom att göra mål på ännu ett **friläge**. När allt var sagt och gjort vann Timmys lag med 5-4 tack vare hans hjältedåd. Den kvällen gick han hem och drömde om att **spela** hockey i Madison Square Garden, som så många andra före honom.

Ymmärtämisen kysymykset

1. Millainen sää oli tekstissä kuvattuna päivänä?

2. Missä Timmy oli tarinan tapahtumahetkellä?

3. Mikä oli Timmyn unelma?

4. Kuka valmensi Timmyn jääkiekkojoukkuetta?

5. Miten Timmy vietti vapaa-aikaansa?

6. Mikä lempinimi Timmyllä oli?

7. Miksi jotkut muut lapset eivät pitäneet Timmystä?

8. Mitä tapahtui ottelussa toista joukkuetta vastaan?

9. Miten Timmyn joukkue lopulta voitti pelin?

10. Minne Timmy meni pelin jälkeen?

Frågor om förståelse

1. Hur var vädret den dag som beskrivs i texten?

2. Var befann sig Timmy när berättelsen utspelar sig?

3. Vad var Timmys dröm?

4. Vem tränade Timmys hockeylag?

5. Hur tillbringade Timmy sin fritid?

6. Vilket smeknamn hade Timmy?

7. Varför gillade inte några av de andra barnen Timmy?

8. Vad hände i matchen mot det andra laget?

9. Hur vann Timmys lag matchen?

10. Vart tog Timmy vägen efter matchen?

Mämmi

Mämmi oli aina hieman **erilainen** kuin muut luokkansa lapset. Hänellä oli laaja mielikuvitus ja hän rakasti **haaveilla**. Luokkatoverit pilkkasivat häntä usein, mutta häntä se ei haitannut. Se sai hänet vain päättäväisemmäksi osoittamaan, että he olivat väärässä. Eräänä päivänä Mämmi keksi nerokkaimman idean ikinä: hän aikoi rakentaa aikakoneen! Luotettavan kissansa Snickersin avulla hän ryhtyi keräämään materiaaleja ja kokoamaan rakennelmaa. **Viikkojen** kovan työn jälkeen se oli vihdoin valmis. Mämmi kiipesi sisään ja käynnisti moottorin... mutta mitään ei tapahtunut. Hän nousi ulos katsomaan tarkemmin, kun yhtäkkiä... **aikakone** alkoi toimia!

Hän oli tehnyt sen! Mämmi ei voinut uskoa silmiään, kun hän katseli, miten **maailma** hänen ympärillään muuttui ennen kuin se katosi pimeyteen. Kun hän avasi silmänsä uudelleen, hän huomasi olevansa muinaisessa Egyptissä! Mämmi oli innoissaan siitä, että hän oli **muinaisessa** Egyptissä, eikä hukannut aikaa uuden ympäristönsä tutkimiseen. Hän kiipesi pyramideille, ratsasti kameleilla ja pääsi jopa tapaamaan itse faraon! Mämmin tarina aikakoneen rakentamisesta teki häneen niin suuren vaikutuksen, että hän tarjoutui ottamaan hänet **hovinsa** kunniajäseneksi. Mämmi

Mämmi

Mämmi var alltid lite **annorlunda** än de andra barnen i klassen. Hon hade en stor fantasi och älskade att **dagdrömma**. Hennes klasskamrater gjorde ofta narr av henne, men hon brydde sig inte om det. Det gjorde henne bara mer beslutsam att bevisa att de hade fel. En dag kom Mämmi på den mest briljanta idén någonsin: hon skulle bygga en tidsmaskin! Med hjälp av sin trogna katt Snickers började hon samla in material och sätta ihop sin konstruktion. Efter **veckor** av hårt arbete var den äntligen klar. Mämmi klättrade in och satte igång motorn ... men ingenting hände. Hon gick ut för att ta en närmare titt när plötsligt... **tidsmaskinen** började fungera!

Hon hade gjort det! Mämmi trodde inte sina ögon när hon såg hur **världen** runt omkring henne förändrades innan den försvann i mörker. När hon öppnade dem igen befann hon sig i det gamla Egypten! Mämmi var glad över att vara i det **gamla** Egypten och slösade ingen tid på att utforska sin nya omgivning. Hon klättrade uppför pyramider, red på kameler och fick till och med träffa självaste Farao! Han blev så imponerad av hennes berättelse om hur hon hade byggt en tidsmaskin att han erbjöd sig att göra henne till hedersmedlem i sitt **hov**. Mämmi var överlycklig av spänning och kunde inte

oli innoissaan eikä malttanut odottaa, että hän voisi kertoa luokkatovereilleen kotona hämmästyttävästä seikkailustaan. Heidän olisi nyt vihdoin **uskottava** häntä!

Kun Mämmi palasi kotiin, hän huomasi yllätyksekseen, että hänen luokkatovereitaan ei enää ollut siellä. Itse asiassa ketään ei ollut siellä ollenkaan. Koko **kaupunki** oli hylätty! Hän käveli hämmentyneenä ympäriinsä, kunnes törmäsi sanomalehteen, joka oli päivätty sinä päivänä, jolloin hän oli lähtenyt. Kävi ilmi, että hänen poissa ollessaan oli puhjennut ydinsota ja kaikki oli evakuoitu. Mämmi ei voinut uskoa sitä. Hän tunsi syyllisyyttä siitä, että oli jättänyt ystävänsä taakseen eikä voinut varoittaa heitä tulevasta. Mutta ehkä... vain ehkä... hän voisi käyttää aikakonettaan palatakseen takaisin ja muuttaakseen historiaa? Mämmi oli lähdössä elämänsä tärkeimmälle matkalle. Hän **hyvästeli** Snickersin ja asetti koordinaatit sille päivälle, jolloin hän lähtisi. Kun aikakone pörräsi käyntiin, hän saattoi vain toivoa, ettei hän ollut liian **myöhässä**.

vänta på att berätta för sina klasskamrater hemma om sitt fantastiska äventyr. Nu skulle de äntligen få **tro på** henne!

När Mämmi återvände hem blev hon förvånad över att hennes klasskamrater inte längre var där. I själva verket var det ingen där alls. Hela **staden** var övergiven! Hon gick omkring i en dvala tills hon stötte på en tidning som var daterad från den dag då hon hade åkt. Det visade sig att medan hon var borta hade ett kärnvapenkrig brutit ut och alla hade evakuerats. Mämmi kunde inte tro det. Hon kände sig skyldig för att hon hade lämnat sina vänner bakom sig och inte kunnat varna dem om vad som var på gång. Men kanske ... bara kanske ... kunde hon använda sin tidsmaskin för att gå tillbaka och ändra historien? Mämmi var på väg att påbörja sitt livs viktigaste resa. Hon tog **farväl av** Snickers och ställde in koordinaterna för den dag hon skulle åka. När tidsmaskinen surrade igång kunde hon bara hoppas att hon inte var för **sent ute**.

Ymmärtämisen kysymykset

1. Mikä oli Mämmen kaikkien aikojen nerokkain idea?

2. Miltä Mämmistä tuntui, kun hän sai tietää, että hänen luokkatovereitaan ei enää ollut?

3. Mihin Mämmi oli lähdössä, kun tarina päättyi?

4. Miksi Mämmin luokkatoverit pilkkasivat häntä?

5. Miten Mämmi tapasi faraon?

6. Mitä farao sanoi Mämmille?

7. Mitä Mämmi teki saapuessaan muinaiseen Egyptiin?

8. Mikä oli Mämmen löytämän sanomalehden päiväys?

9. Mikä aiheutti ydinsodan?

10. Mikä oli Mämmen tavoite menemällä ajassa taaksepäin?

Frågor om förståelse

1. Vilken var den mest briljanta idé som Mämmi någonsin fick?

2. Hur kände sig Mämmi när hon fick reda på att hennes klasskamrater inte längre var där?

3. Vad var Mämmi på väg att göra när berättelsen tog slut?

4. Varför gjorde Mämmis klasskamrater narr av henne?

5. Hur träffade Mämmi farao?

6. Vad sa Farao till Mämmi?

7. Vad gjorde Mämmi när hon kom till det gamla Egypten?

8. Vilket datum hade den tidning som Mämmi hittade?

9. Vad orsakade kärnvapenkriget?

10. Vad var Mämmis mål med att resa tillbaka i tiden?

Nokia

Nokian perusti vuonna 1865 Fredrik Idestam sellutehtaana. Nokia laajeni nopeasti sähköalalle, ja siitä tuli merkittävä toimija Suomen taloudessa ja lopulta yksi Suomen suurimmista yrityksistä. Vuonna 1967 Nokia **perusti** oman elektroniikkaosaston, joka alkoi valmistaa digitaalisia puhelimia ja muita kulutuselektroniikan laitteita. 1990-luvun alkuun mennessä Nokiasta oli tullut maailman johtava matkapuhelinvalmistaja. Vuonna 1998 Nokia toi markkinoille **vallankumouksellisen** 1100-puhelimen, josta tuli nopeasti yksi kaikkien aikojen myydyimmistä puhelimista. 1100-puhelimen menestys johti Nokian nopeaan kasvuun, ja vuoteen 2005 mennessä Nokia oli maailman johtava matkapuhelinvalmistaja.

Nokia on edelleen yksi suosituimmista matkapuhelinmerkeistä, ja sen tuotteita käytetään kaikkialla maailmassa. Nokian historia on täynnä innovaatioita ja menestystä. Nokia on ollut **mobiiliteknologian** eturintamassa jo vuosia, ja miljoonat ihmiset ympäri maailmaa käyttävät sen tuotteita. Nokia on aina ollut yritys, joka on valmis ottamaan riskejä, ja tämä on johtanut hämmästyttäviin innovaatioihin. Vuonna 2007 se julkaisi Nokia N95:n, joka oli yksi ensimmäisistä puhelimista, **joissa oli** sisäänrakennettu GPS-järjestelmä. Tämä puhelin

Nokia

Nokia grundades 1865 som ett massafabrik av Fredrik Idestam. Nokia expanderade snabbt till elsektorn och blev en viktig aktör i den finska ekonomin och slutligen ett av Finlands största företag. År 1967 **inrättade** Nokia en egen elektronikavdelning, som började producera digitala telefoner och andra konsumentelektronikprodukter. I början av 1990-talet hade Nokia blivit en ledande global tillverkare av mobiltelefoner. År 1998 lanserade Nokia den **revolutionerande** 1100-telefonen, som snabbt blev en av de mest sålda telefonerna någonsin. Framgången med 1100-telefonen ledde till en period av snabb tillväxt för Nokia, och 2005 var de världens ledande tillverkare av mobiltelefoner.

Idag är Nokia fortfarande ett av de mest populära märkena när det gäller mobiltelefoner och deras produkter används över hela världen. Nokias historia är en historia av innovation och framgång. De har legat i framkant när det gäller **mobilteknik** i många år, och deras produkter används av miljontals människor över hela världen. Nokia har alltid varit ett företag som är villigt att ta risker, och detta har lett till några fantastiska innovationer. År 2007 släppte de Nokia N95, som var en av de första telefonerna **med ett** inbyggt GPS-system. Telefonen blev en enorm framgång och befäste Nokias

oli valtava menestys, ja se lujitti Nokian asemaa mobiiliteknologian **johtavana toimijana.**

Viime vuosina Nokia on kohdannut kovaa **kilpailua** muiden valmistajien taholta, mutta se on silti onnistunut pysymään merkityksellisenä mobiiliteknologian alati muuttuvassa maailmassa. Nokia 8 on **uusin** lippulaivapuhelin, joka on todiste siitä, että Nokia on edelleen voimatekijä, johon on syytä varautua. Nokian tulevaisuus näyttää valoisalta, eikä ole epäilystäkään siitä, etteivätkö he jatkaisi **innovointia** ja yllättäisi meitä uusilla tuotteilla tulevina **vuosina.**

ställning som **ledande** inom mobilteknik.

Under de senaste åren har Nokia mött hård **konkurrens** från andra tillverkare, men de har ändå lyckats behålla sin relevans i den ständigt föränderliga världen av mobilteknik. Deras **senaste** flaggskeppstelefon, Nokia 8, är ett bevis på att de fortfarande är en kraft att räkna med. Framtiden ser ljus ut för Nokia, och det råder ingen tvekan om att de kommer att fortsätta att **förnya sig** och överraska oss med nya produkter under de kommande **åren.**

Ymmärtämisen kysymykset

1. Minä vuonna Nokia perustettiin?

2. Millä alalla Nokia laajeni nopeasti perustamisensa jälkeen?

3. Mikä oli Nokian ensimmäinen elektroniikkaosaston tuote?

4. Milloin Nokiasta tuli maailman johtava matkapuhelinvalmistaja?

5. Mikä oli ensimmäinen puhelin, jossa oli sisäänrakennettu GPS-järjestelmä?

6. Mikä on Nokian uusin lippulaivapuhelin?

7. Mikä oli Nokian alkuperäinen tarkoitus?

8. Kuinka monessa maassa Nokian tuotteita käytetään?

9. Miltä Nokian tulevaisuus näyttää?

10. Mikä on ollut Nokian menestynein puhelin?

Frågor om förståelse

1. Vilket år grundades Nokia?

2. Inom vilken sektor expanderade Nokia snabbt efter grundandet?

3. Vad var Nokias första produkt på elektronikavdelningen?

4. När blev Nokia världens ledande mobiltelefontillverkare?

5. Vilken var den första telefonen som hade ett inbyggt GPS-system?

6. Vad är Nokias senaste flaggskeppstelefon?

7. Vad var Nokias ursprungliga syfte?

8. Hur många länder använder Nokias produkter?

9. Hur ser framtiden ut för Nokia?

10. Vilken har varit Nokias mest framgångsrika telefon?

Saimaan järvi

Aurinko oli laskemassa Saimaan ylle, ja viimeiset **valonsäteet** loistivat veden päällä. Se oli kaunis näky. Yhtäkkiä vedessä roiskui ja siitä alkoi nousta jotain. Ensin se näytti tukilta, mutta sitten se alkoi saada **ihmisen** muodon. Se oli ihminen! Hänellä oli pitkät hiukset ja parta, ja hänellä oli päällään outoja vaatteita. Mies kiipesi rantaan ja katseli ympärilleen, aivan kuin hän ei olisi tiennyt, missä hän oli. Sitten hän näki **naisen** kävelevän yksinään rantaviivaa pitkin. Mies huusi naista ja pyysi apua. Nainen epäröi ensin, mutta sitten hän meni miehen luo ja kysyi, mikä hänen nimensä oli. Mies kertoi naiselle, että hänen nimensä oli Finnegan ja että hän ei tiennyt, miten hän oli joutunut **tänne** tai missä hän edes oli.

Nainen esitteli itsensä Sarahiksi ja tarjoutui viemään hänet kaupunkiin, jotta hän voisi selvittää, mitä oli tapahtunut. Sarah vei Finneganin kaupunkiin , ja he menivät paikalliseen **pubiin** . Siellä Sarah puhui joidenkin ihmisten kanssa siitä, mitä Finneganille saattoi tapahtua. He kaikki olivat yhtä mieltä siitä, että kuulosti siltä, että Finnegan oli jotenkin siirretty toisesta ajasta tai paikasta . Kukaan ei tiennyt tarkalleen , miten se olisi voinut tapahtua , mutta kaikki sanoivat , että Saimaan lähellä kaikki oli mahdollista . Vietettyään jonkin **aikaa**

Sjön Saimaa

Solen höll på att gå ner över sjön Saimaa och de sista **ljusstrålarna** sken på vattnet. Det var en vacker syn. Plötsligt plaskade det i vattnet och något började stiga upp ur vattnet. Först såg det ut som en stock, men sedan började det ta **mänsklig** form. Det var en människa! Han hade långt hår och skägg, och han bar konstiga kläder. Mannen klättrade upp på stranden och såg sig omkring, som om han inte visste var han var. Sedan såg han en **kvinna som** gick ensam längs stranden. Mannen ropade på henne och bad om hjälp. Kvinnan tvekade först, men sedan gick hon över till honom och frågade vad han hette. Mannen berättade för henne att han hette Finnegan och att han inte visste hur han kommit **hit** eller var han ens var .

Kvinnan presenterade sig som Sarah och erbjöd sig att ta med honom in till stan så att han kunde ta reda på vad som hänt. Sarah tog med Finnegan in till stan och de gick till den lokala **puben**. Där pratade Sarah med några personer om vad som kan ha hänt med Finnegan. De var alla överens om att det lät som om Finnegan hade transporterats från en annan tid eller plats på något sätt. Ingen visste exakt hur detta kunde ha hänt, men alla sa att allt var möjligt i närheten av sjön Saimaa. Efter att ha tillbringat lite **tid** i staden tog

kaupungissa , Saara vei Finneganin takaisin kotiinsa , jotta hän voisi levätä ennen kuin yrittää keksiä , miten päästä kotiin itse . Kun he kävelivät **rantaviivaa** pitkin tähtien alla , sekä Saara että Finnegan tunsivat kiitollisuutta sattumanvaraisesta tapaamisesta - sillä kuka tietää, mitä Finnegan-paralle olisi **tapahtunut** ilman sitä?

Seuraavana päivänä Finnegan heräsi ja yritti miettiä, miten hän pääsisi takaisin kotiin. Hän tiesi, ettei se olisi helppoa, mutta hänen oli yritettävä. Hän käveli **rantaviivalle** ja katseli veden yli. Se oli niin laaja ja syvä, eikä hänellä ollut aavistustakaan, mistä edes aloittaa. Hän istuutui **maahan** , nojaten päänsä käsiinsä. Sarah tuli hänen takanaan ja laittoi kätensä hänen olkapäälleen . Hän kertoi auttavansa häntä **kaikin tavoin**, mutta hänkään ei tiennyt, miten aloittaa .

Sarah Finnegan tillbaka till sitt hem så att han kunde vila innan han försökte komma på hur han skulle ta sig hem själv. När de vandrade längs **stranden** under stjärnorna kände både Sarah och Finnegan sig tacksamma för det tillfälliga mötet - för utan det, vem vet vad som skulle ha **hänt** med stackars Finnegan?

Nästa dag vaknade Finnegan och försökte komma på hur han skulle kunna ta sig hem igen. Han visste att det inte skulle bli lätt, men han var tvungen att försöka. Han gick ner till **stranden och** tittade ut över vattnet. Det var så vidsträckt och djupt, och han hade ingen aning om var han skulle börja. Han satte sig ner på **marken och** vilade huvudet i händerna. Sarah kom upp bakom honom och lade sin hand på hans axel. Hon sa till honom att hon skulle hjälpa honom **så gott** hon kunde, men att hon inte heller visste hur hon skulle börja.

Ymmärtämisen kysymykset

1. Miltä mies näytti, kun hän nousi vedestä?

2. Millaiset olivat miehen vaatteet?

3. Mitä mies teki nähdessään naisen?

4. Mitä pubissa olevat ihmiset sanoivat miehestä?

5. Mitä mieltä Saara oli miehestä?

6. Mitä Finnegan teki herättyään seuraavana päivänä?

7. Miksi Finneganilla oli vaikeuksia?

8. Mitä Sarah sanoi Finneganille?

9. Mitä luulet, että Finneganille tapahtui?

10. Mitä Finneganille olisi tapahtunut, jos hän ei olisi tavannut Sarahia?

Frågor om förståelse

1. Hur såg mannen ut när han först kom upp ur vattnet?

2. Hur såg mannens kläder ut?

3. Vad gjorde mannen när han såg kvinnan?

4. Vad sa människorna på puben om mannen?

5. Vad kände Sara för mannen?

6. Vad gjorde Finnegan när han vaknade nästa dag?

7. Varför kämpade Finnegan?

8. Vad sa Sarah till Finnegan?

9. Vad tror du hände med Finnegan?

10. Vad skulle ha hänt med Finnegan om han inte hade träffat Sarah?

Kahvi

Herätyskello soi, ja kävin laiskasti sammuttamassa sen. Murahdin istuessani ja tunsin, etten ollut nukkunut juuri lainkaan. Tästä tulisi **taas** pitkä päivä. Kuin tilauksesta vatsani murisi äänekkäästi ja muistutti minua siitä, etten ollut syönyt illallista edellisenä **iltana.** Aivan, minun on parasta syödä jotain ennen kahvia, tai muuten tästä tulee todella pitkä päivä. Kävelin keittiöön, puoliksi hereillä jo **tuoreen** kahvin tuoksusta, joka leijaili ilmassa. Kämppikseni oli varmaan taas herännyt aikaisin tänään. Hän oli aina niin ärsyttävän pirteä aamulla, kun taas minä pystyin tuskin toimimaan ilman, että kofeiini pumppasi ensin suonissani. Nappasin **kaapista** mukin ja täytin sen höyryävällä mustalla nesteellä ennen kuin otin ison kulauksen.

Ahhh, nyt on parempi. Aloin vihdoin tuntea itseni taas **ihmiseksi** nyt, kun kahvi virtasi elimistössäni. Aika kohdata päivä suoraan! Olin tuskin ehtinyt juoda ensimmäisen kupillisen kahvia, kun pomoni kutsui minut toimistoonsa kokoukseen. Ilmeisesti oli jokin iso **projekti,** joka piti tehdä, ja hän halusi minun johtavan sitä. Yritin keskittyä siihen, mitä hän sanoi, mutta ajattelin vain sitä, kuinka paljon lisää kahvia tarvitsisin, jotta selviäisin tästä päivästä. Kun kokous päättyi, olin jo unohtanut suurimman osan siitä, mitä hän sanoi, mutta onneksi onnistuin **raapustamaan** muistiin muutamia

Kaffe

Väckarklockan surrade, och jag sträckte mig slött fram för att stänga av den. Jag mumlade när jag satte mig upp och det kändes som om jag knappt hade sovit alls. Det skulle bli **ännu en** lång dag. Som på beställning knorrade min mage högt och påminde mig om att jag inte hade ätit middag **kvällen** innan. Det är bäst att jag får i mig lite mat före kaffet, annars kommer det här att bli en riktigt lång dag. Jag gick in i köket, halvt vaken redan av doften av **nybryggt** kaffe som vajade i luften. Min sambo måste ha gått upp tidigt igen idag. Hon var alltid så irriterande pigg på morgonen, medan jag knappt kunde fungera utan att koffeinet först pumpade genom mina ådror. Jag tog en mugg från **skåpet** och fyllde den med den ångande svarta vätskan innan jag tog en stor klunk.

Ahhh, det är bättre. Jag började äntligen känna mig **mänsklig** igen nu när kaffet rann genom mitt system. Dags att ta itu med dagen! Jag hade knappt tagit min första kopp kaffe när min chef kallade in mig på sitt kontor för ett möte. Tydligen var det något stort **projekt som** behövde göras och han ville att jag skulle leda det. Jag försökte fokusera på vad han sa, men allt jag kunde tänka på var hur mycket mer kaffe jag behövde för att klara dagen. När mötet var slut hade jag redan glömt det mesta av vad han sa, men lyckligtvis lyckades jag

keskeisiä kohtia. Se kuulosti siltä, että siitä tulisi paljon työtä, mutta **toivottavasti** se olisi lopulta sen arvoista.

Oli miten oli, nyt ei ollut perääntymistä, joten voisin yhtä hyvin aloittaa! Seuraavat viikot olivat kuin sumua, kun työskentelin väsymättä projektin parissa. Jokainen aamu alkoi uudella **mukillisella** kahvia, ja jokainen ilta päättyi siihen, että kaaduin uupuneena sänkyyn. Mutta lopulta, ikuisuudelta tuntuneen ajan jälkeen, kaikki loksahti **kohdalleen,** ja saimme esitellä valmiin tuotteen pomollemme. Hän vaikutti tyytyväiseltä ja antoi minulle jopa **bonuksen,** mikä auttoi lievittämään niiden pitkien työtuntien tuskaa, jotka vietin taukoamatta. Ainakin nyt minulla on varaa ostaa itselleni ylimääräinen pussi kahvipapuja!

skriva ner några viktiga punkter. Det lät som om det skulle bli mycket arbete, men **förhoppningsvis** skulle det vara värt det i slutändan.

Hur som helst fanns det ingen möjlighet att backa ur nu, så det var lika bra att börja! De följande veckorna var en oklarhet när jag arbetade outtröttligt med projektet. Varje morgon började med en ny **kopp** kaffe och varje kväll slutade med att jag föll ihop i sängen utmattad. Men till slut, efter vad som kändes som en evighet, kom allting **på plats** och vi kunde presentera den färdiga produkten för vår chef. Han verkade nöjd med den och gav mig till och med en **bonus,** vilket hjälpte till att lindra smärtan från de långa timmarna med nonstoparbete. Nu har jag åtminstone råd att köpa mig en extra **stor** påse kaffebönor!

Ymmärtämisen kysymykset

1. Mitä päähenkilö tekee herättyään?

2. Miltä päähenkilöstä tuntuu tuleva päivä?

3. Mitä päähenkilön vatsa muistuttaa häntä?

4. Mitä päähenkilö ajattelee kämppiksestään?

5. Miltä päähenkilöstä tuntuu ensimmäisen kahvikupillisen jälkeen?

6. Mitä päähenkilön pomo kertoo heille kokouksessa?

7. Millainen on päähenkilön tunne projektista viikon lopussa?

8. Miten päähenkilö reagoi pomonsa reaktioon valmiiseen projektiin?

9. Millainen on päähenkilön suhtautuminen kahviin nyt?

10. Mitä päähenkilö aikoo tehdä bonuksellaan?

Frågor om förståelse

1. Vad gör huvudpersonen när han eller hon vaknar?

2. Hur känner sig huvudpersonen inför sin kommande dag?

3. Vad påminner huvudpersonens mage om?

4. Vad tycker huvudpersonen om sin rumskamrat?

5. Hur känner sig huvudpersonen efter sin första kopp kaffe?

6. Vad säger huvudpersonens chef till dem på mötet?

7. Hur känner huvudpersonen för projektet i slutet av veckan?

8. Hur reagerar huvudpersonen på chefens reaktion på det färdiga projektet?

9. Hur känner huvudpersonen för kaffe nu?

10. Vad planerar huvudpersonen att göra med sin bonus?

Sámis

Saamelaiset ovat **vaeltava** kansa, joka on asunut Euroopan arktisilla alueilla vuosisatojen ajan. Heidät tunnetaan ainutlaatuisesta kulttuuristaan ja perinteistään, joihin kuuluvat poronhoito ja shamanismi. Eräänä kylmänä talvipäivänä joukko **saamelaislapsia** leikki leirinsä lähellä, kun he näkivät kaukana jotain outoa. Se oli suuri valkoinen olento, jolla oli sarvet! Lapset eivät olleet koskaan ennen nähneet **mitään** vastaavaa. He juoksivat kertomaan vanhemmilleen, mitä olivat nähneet. Pian koko leiri oli innoissaan. Jotkut sanoivat, että se oli henkieläin, joka tuli käymään heidän luonaan; toiset sanoivat, että se oli vain **peura,** joka oli eksynyt lumimyrskyssä.

Riippumatta siitä, mitä muut ajattelivat, **kaikki** olivat yhtä mieltä siitä, että se oli uskomaton näky! Päivien kuluessa yhä useammat leiriläiset alkoivat nähdä valkoista olentoa. Se näytti seuraavan heitä kaikkialle, minne he menivätkin. Jotkut **vanhimmista** sanoivat, että se oli merkki hengiltä ja että sitä pitäisi kohdella kunnioittavasti. Lapset rakastivat leikkiä sen kanssa ja yrittivät usein ratsastaa sen **selässä**. Mutta vaikka he kuinka yrittivät, he eivät koskaan saaneet sitä kiinni! Olento oli aina aivan ulottumattomissa. Eräänä päivänä, erityisen voimakkaan lumisateen jälkeen,

Samerna

Samerna är ett **nomadiskt** folk som har levt i Europas arktiska områden i århundraden. De är kända för sin unika kultur och sina traditioner, som bland annat omfattar renskötsel och shamanism. En kall vinterdag lekte en grupp samiska **barn** nära sitt läger när de såg något konstigt i fjärran. Det var en stor vit varelse med horn! Barnen hade aldrig sett **något** liknande förut. De sprang för att berätta för sina föräldrar vad de hade sett. Snart var hela lägret upphetsat. Vissa sa att det var ett andeväsen som kom för att besöka dem, andra sa att det bara var ett **rådjur som** hade gått vilse i snöstormen.

Oavsett vad någon tyckte var **alla** överens om att det var en fantastisk syn att se! Allt eftersom dagarna gick började fler och fler i lägret se den vita varelsen. Det verkade följa dem vart de än gick. Några av de **äldre** sa att det var ett tecken från andarna och att de borde behandla det med respekt. Barnen älskade att leka med den och försökte ofta rida på dess **rygg**. Men hur mycket de än försökte kunde de aldrig fånga den! Varelsen var alltid precis utom räckhåll. En dag, efter ett särskilt kraftigt snöfall, försvann den vita varelsen **helt och hållet**. Alla i lägret sökte efter den högt och lågt, men det fanns inga spår av vart den hade tagit vägen.

valkoinen olento katosi **kokonaan**. Kaikki leiriläiset etsivät sitä kaikkialta, mutta sen olinpaikasta ei löytynyt jälkeäkään. Kaikki olettivat, että se oli vihdoin palannut henkimaailmaan, josta se oli tullutkin.

Muutamaa viikkoa myöhemmin yksi lapsista löysi jotain **outoa** yhdestä porokarsinasta. Karsinaan johti suuria jalanjälkiä, mutta ei yhtään jälkeä, jotka olisivat johtaneet ulos! Voisiko tämä olla todiste siitä, että "valkoinen olento" oli itse asiassa ollut poro koko ajan? Tai kenties jotain vielä oudompaa...? Saamelaiset jatkoivat elämäänsä arktisella alueella, ja vaikka he eivät enää koskaan nähneet valkoista olentoa, se **säilyi** heidän sydämissään ja mielissään. Aina silloin tällöin joku väitti nähneensä sen uudelleen, mutta kukaan ei voinut koskaan olla varma. Olennosta oli ikään kuin **tullut** osa heidän tarinaansa, tarinaa, jota kerrottaisiin **leirinuotion** ääressä tulevien sukupolvien ajan.

De antog alla att den slutligen hade återvänt till den andevärld den kom ifrån.

Några veckor senare hittade ett av barnen något **konstigt** i en av renarna. Det fanns stora fotspår som ledde in i hägnet - men inga som ledde ut igen! Kunde detta vara ett bevis på att den “vita varelsen” faktiskt hade varit en ren hela tiden? Eller kanske något ännu konstigare...? Samerna fortsatte att leva sina liv i Arktis, och även om de aldrig såg den vita varelsen igen, **fanns** den **kvar** i deras hjärtan och tankar. Då och då hävdade någon att han hade sett den igen - men ingen kunde någonsin vara säker. Det var som om varelsen hade **blivit** en del av deras legend, en historia som skulle berättas runt **lägerelden** i kommande generationer.

Ymmärtämisen kysymykset

1. Mitä ovat saamelaiset?

2. Mitä saamelaiset tekevät?

3. Mitä lapset näkivät?

4. Mitä vanhemmat ajattelivat?

5. Mitä vanhimmat sanoivat?

6. Mitä lapset yrittivät tehdä?

7. Mitä olennolle tapahtui?

8. Mitä yksi lapsista löysi?

9. Mikä oli olento?

10. Mitä tapahtui legendalle?

Frågor om förståelse

1. Vad är samerna?

2. Vad gör samerna?

3. Vad såg barnen?

4. Vad tyckte föräldrarna?

5. Vad sade de äldste?

6. Vad försökte barnen göra?

7. Vad hände med varelsen?

8. Vad hittade ett av barnen?

9. Vad var varelsen?

10. Vad hände med legenden?

Poro

Porot olivat kaikki rivissä odottamassa, että joulupukki **valitsisi**, mikä niistä vetäisi rekeä jouluaattona. Kaikki ne halusivat tulla valituksi, mutta vain yksi saattoi olla onnekas voittaja. Lopulta joulupukki tuli ulos ja katsoi kaikkia innokkaita poroja. Hän käveli jonoa pitkin ja tutki jokaisen **huolellisesti**. Porot pidättivät hengitystään toivoen, että heidät valittaisiin. Kun Joulupukki pääsi jonon päähän, hän ei ollut vieläkään tehnyt **päätöstä**. Hän raapi partaansa mietteliäästi ja ilmoitti sitten tarvitsevansa aikaa miettiä asiaa. Pettyneet porot laskivat päätään katsellessaan joulupukin kävelevän pois. Myöhemmin samana iltana Joulupukki palasi ja kertoi heille, että hän oli tehnyt päätöksensä. **Onnekas** poro, joka saisi vetää hänen rekeään, oli... Rudolph!

Kaikki hurrasivat, kun he kuulivat Rudolfin nimen ja **onnittelivat** häntä siitä, että hänet oli valittu näin tärkeään tehtävään. Nyt kun Rudolph oli valittu, muut porot alkoivat olla hieman kateellisia. Ne alkoivat kiusata häntä ja kutsua häntä nimillä kuten "Punanokka" ja "friikki". Rudolph yritti olla välittämättä niistä, mutta se oli vaikeaa. Eräänä päivänä se kuuli, kun jotkut porot puhuivat siitä, miten ne aikoivat tehdä joulupukille tempun. Ne aikoivat piilottaa reen niin, ettei hän löytäisi sitä jouluaattona! Rudolph oli **kauhuissaan**. Hän tiesi, että hänen oli jotenkin varoitettava joulupukkia.

Renar

Renarna stod på rad och väntade på att tomten skulle **välja** vilken som skulle dra hans släde på julafton. Alla ville bli utvalda, men bara en av dem kunde bli den lyckliga vinnaren. Till slut kom tomten ut och tittade på alla de ivriga renarna. Han gick längs kön och inspekterade var och en **noggrant**. Renarna höll andan och hoppades att de skulle bli utvalda. När han kom till slutet av kön hade tomten fortfarande inte fattat något **beslut**. Han kliade sig eftertänksamt i skägget och meddelade sedan att han behövde lite tid för att tänka på saken. De besvikna renarna hängde sina huvuden när de såg tomten gå iväg. Senare på kvällen kom tomten tillbaka och berättade att han hade fattat sitt beslut. Den **lyckliga** renen som skulle få dra hans släde var... Rudolph!

Alla jublade när de hörde Rudolphs namn ropas upp och **gratulerade** honom till att ha blivit utvald till ett så viktigt jobb. Nu när Rudolph hade blivit utvald började de andra renarna bli lite avundsjuka. De började retas med honom och kallade honom namn som "rödnäsa" och "missfoster". Rudolph försökte ignorera dem, men det var svårt. En dag hörde han några av renarna prata om hur de skulle spela tomten ett spratt. De skulle gömma hans släde så att han inte kunde hitta den på julafton! Rudolph blev **förskräckt**. Han visste att han var

Mutta miten hän voisi tehdä sen jäämättä kiinni? Se ei halunnut muiden porojen tietävän, että se vakoili niitä. Rudolph mietti ja mietti, kunnes lopulta hän keksi **suunnitelman**.

Rudolph odotti, kunnes muut porot olivat nukkumassa, ja hiipi sitten ulos tallista. Hän tiesi, minne joulupukin reki oli **piilotettu,** ja hän aikoi viedä sen takaisin työpajaan. Mutta ensin hänen oli löydettävä Joulupukki. Hän etsi ympäri **kylää,** mutta hänestä ei ollut merkkiäkään missään. Juuri kun Rudolph oli luovuttamassa, hän kuuli eräästä talosta heikon äänen. Se kuulosti siltä kuin joku **itkisi**. Kävi ilmi, että Joulupukki oli sairastunut ja oli kuumeisena vuodepotilaana. Rouva Joulupukki hoiti häntä, mutta hän näytti uupuneelta. Rudolph tunsi sääliä hänen puolestaan ja päätti auttaa **sen sijaan** jakamaan lahjoja jouluaattona.

tvungen att varna tomten på något sätt. Men hur skulle han kunna göra det utan att åka fast? Han ville inte att de andra renarna skulle få veta att han spionerade på dem. Rudolph tänkte och tänkte tills han till slut kom på en **plan**.

Rudolph väntade tills de andra renarna sov och smög sedan ut ur stallet. Han visste var de hade **gömt** tomtens släde, och han skulle leda den tillbaka till verkstaden. Men först måste han hitta tomten. Han letade över hela **byn,** men det fanns inga tecken på honom någonstans. Precis när Rudolph höll på att ge upp hörde han ett svagt ljud som kom från ett av husen. Det lät som om någon **grät**. Det visade sig att jultomten hade blivit sjuk och var sängliggande med feber. Fru Claus tog hand om honom, men hon såg ut att vara utmattad. Rudolph tyckte synd om henne och bestämde sig för att han skulle hjälpa till att leverera julklappar på julafton **i stället**.

Ymmärtämisen kysymykset

1. Missä porot odottivat joulupukkia?

2. Miksi porot olivat kateellisia Rudolfille?

3. Mitä muut porot aikoivat tehdä joulupukille?

4. Miten Rudolph sai selville, missä Joulupukki oli?

5. Miksi Rudolph päätti auttaa lahjojen jakamisessa jouluaattona?

6. Miten muut porot reagoivat, kun he saivat tietää, että Rudolf aikoi auttaa joulupukkia?

7. Mitä rouva Joulupukki ajatteli Rudolfin päätöksestä?

8. Miltä Rudolphista tuntui, kun hän pystyi auttamaan joulupukkia?

9. Mitä luulet, että olisi tapahtunut, jos Rudolf ei olisi löytänyt joulupukkia?

10. Luuletko, että Rudolph nautti siitä, että hän auttoi lahjojen jakamisessa jouluaattona? Miksi vai miksi ei?

Frågor om förståelse

1. Var väntade renarna på jultomten?

2. Varför var renarna avundsjuka på Rudolf?

3. Vad tänkte de andra renarna göra med jultomten?

4. Hur fick Rudolph reda på var tomten var?

5. Varför bestämde sig Rudolph för att hjälpa till att leverera julklappar på julafton?

6. Hur reagerade de andra renarna när de fick reda på att Rudolph skulle hjälpa jultomten?

7. Vad tyckte fru Claus om Rudolfs beslut?

8. Hur kände Rudolph att han kunde hjälpa jultomten?

9. Vad tror du skulle ha hänt om Rudolph inte hade kunnat hitta tomten?

10. Tror du att Rudolph gillade att hjälpa till att leverera julklappar på julafton? Varför eller varför inte?

Midnight Sun Film Festival

Midnight Sun -elokuvafestivaali on **vuosittainen** tapahtuma, joka järjestetään Sodankylässä. Festivaali järjestetään kesäpäivänseisauksen aikaan, jolloin aurinko ei koskaan laske ja yö pysyy valoisana. Viikon ajan elokuvan ystävät kaikkialta maailmasta saapuvat katsomaan eri genrejä edustavia elokuvia, joita esitetään ympäri kaupunkia pystytetyillä **valkokankailla.** Tänä vuonna päätin tehdä matkan Sodankylään nähdäkseni, mistä kaikesta hälinästä on kyse. En ollut varma, mitä odottaa, mutta odotin innolla vaihtelua tavallisiin **elokuvafestivaaleihin** verrattuna. Heti kun saavuin kaupunkiin, oli selvää, että tästä tulisi erilainen kokemus. Punaisia mattoja tai loistokkaita juhlia ei ollut, vaan ihmiset kulkivat rennosti t-paidoissa ja farkuissa nauttien **lämpimästä** iltailmasta. Pääsin erääseen esityspaikoista ja löysin itselleni istumapaikan läheltä etuosaa.

Tunnelma oli **rento** ja ystävällinen, ja ihmiset juttelivat ystävällisesti ennen esityksen alkua. Kun aurinko alkoi laskea, elokuvat alkoivat pyöriä yksi toisensa jälkeen. Katsoin sekoituksen uutuuselokuvia ja klassikoita, ja kaikkien elokuvien katsominen keskiyön auringon alla oli ainutlaatuinen **kokemus.** Oli jotain maagista olla

Midnattssolens filmfestival

Midnight Sun Film Festival är ett **årligt** evenemang som äger rum i Sodankylä i Finland. Festivalen hålls under sommarsolståndet, då solen aldrig går ner och natten är ljus. Under en vecka kommer filmälskare från hela världen för att uppleva filmer från en mängd olika genrer som visas på **skärmar som är uppsatta** runt om i staden. I år bestämde jag mig för att göra resan till Sodankylä för att se vad all uppståndelse handlar om. Jag visste inte riktigt vad jag skulle förvänta mig, men jag var förväntansfull inför en omväxling från mina vanliga **filmfestivaler**. Så snart jag anlände till staden stod det klart att detta skulle bli en annorlunda upplevelse. Det fanns inga röda mattor eller glamorösa fester, utan i stället strövade folk omkring i t-shirts och jeans och njöt av den **varma** kvällsluften. Jag tog mig in i en av visningslokalerna och hittade en plats nära framsidan.

Atmosfären var **avslappnad** och vänlig, med människor som pratade vänligt innan showen började. När solen började gå ner började filmerna spelas upp en efter en. Jag tittade på en blandning av nya filmer och klassiker, alla förstärkta av den unika **upplevelsen** att se dem under midnattssolen. Det var något magiskt med att

pimeyden ympäröimänä ja silti nähdä selvästi; se sai kaiken tuntumaan intensiivisemmältä. Viikko kului elokuvien ja myöhäisillan **keskustelujen** lomassa. Sain uusia ystäviä ja sain unohtumattomia kokemuksia samalla kun nautin parhaista elokuvista, joita olen koskaan nähnyt. Kun nousin lentokoneeseen ja lähdin kotiin, tiesin jo, että palaan ensi vuonna hakemaan **uuden** annoksen Midnight Sunin taikaa.

Vuotta myöhemmin palasin Sodankylään Midnight Sun -elokuvafestivaalin toiselle kierrokselle. Tällä kertaa olin valmistautunut kokemukseen paremmin ja tiesin, mitä odottaa. Jälleen kerran löysin **itseni** uppoutumasta elokuvien ja **ystävyyden** maailmaan, valvoen myöhään yöhön asti katsomassa elokuvia ja keskustelemassa niistä uusien ystävien kanssa. Midnight Sun -elokuvafestivaaleista on tullut yksi suosikkitapahtumistani vuosittain. Se on ainutlaatuinen tilaisuus nähdä hienoja elokuvia unohtumattomassa ympäristössä, jossa on ihmisiä, jotka **rakastavat** elokuvia yhtä paljon kuin minä. Jos et ole vielä kokenut sitä itse, suosittelen lämpimästi tekemään matkan Sodankylään ainakin kerran; et tule katumaan!

vara omgiven av mörker samtidigt som man fortfarande kunde se klart; det fick allt att kännas mer intensivt. Veckan flög förbi i en dimma av filmer och sena **samtal**. Jag fick nya vänner och hade några oförglömliga upplevelser, allt medan jag njöt av några av de bästa filmerna jag någonsin sett. När jag satte mig på planet för att åka hem visste jag redan att jag skulle komma tillbaka nästa år för en **ny** dos av Midnight Sun-magi.

Ett år senare återvände jag till Sodankylä för en ny omgång av Midnight Sun Film Festival. Den här gången var jag bättre förberedd och visste vad jag kunde förvänta mig. Ännu en gång fann jag **mig själv** nedsänkt i en värld av film och **vänskap,** och stannade uppe sent på natten för att titta på filmer och prata om dem med nya vänner. Midnight Sun Film Festival har blivit ett av mina årliga favoritevenemang. Det är en unik möjlighet att se fantastiska filmer i en oförglömlig miljö, omgiven av människor som **älskar** film lika mycket som jag. Om du inte har upplevt det själv ännu rekommenderar jag starkt att du gör resan till Sodankylä minst en gång; du kommer inte att ångra dig!

Ymmärtämisen kysymykset

1. Mikä on Midnight Sun -elokuvafestivaali?

2. Milloin Midnight Sun Film Festival järjestetään?

3. Missä Midnight Sun Film Festival järjestetään?

4. Millainen sää on Midnight Sun Film Festivalin aikana?

5. Millaisia vaatteita ihmiset käyttävät Midnight Sun -elokuvafestivaaleilla?

6. Millainen ilmapiiri Midnight Sun -elokuvafestivaaleilla vallitsee?

7. Millaisia elokuvia Midnight Sun -elokuvafestivaaleilla esitetään?

8. Miten elokuvien katsominen keskiyön auringon alla parantaa kokemusta?

9. Mitä mieltä kirjailija on Midnight Sun -elokuvafestivaalista?

10. Suosittelisiko kirjoittaja Midnight Sun -elokuvafestivaalia muille?

Frågor om förståelse

1. Vad är Midnight Sun Film Festival?

2. När hålls Midnight Sun Film Festival?

3. Var hålls Midnight Sun Film Festival?

4. Hur är vädret under Midnight Sun Film Festival?

5. Vad har folk för kläder på sig på Midnight Sun Film Festival?

6. Hur är stämningen på Midnight Sun Film Festival?

7. Vilken typ av filmer visas på Midnight Sun Film Festival?

8. Hur kan man se filmer under midnattssolen förhöja upplevelsen?

9. Vad tycker författaren om Midnight Sun Film Festival?

10. Skulle författaren rekommendera Midnight Sun Film Festival till andra?

Ahvenanmaan saaristo

Ahvenanmaan saaristo on Itämerellä sijaitseva saariryhmä. Saaristossa elää monenlaista **luontoa**, kuten hylkeitä, delfiinejä ja valaita. Myös ihmiset ovat asuttaneet saaria vuosisatojen ajan, ja kulttuuri on rikas perinteineen. Yksi Ahvenanmaan saaristolle ominainen perinne on lahjojen antaminen juhannusaattona. Tänä yönä sanotaan, että keijut tulevat ulos tanssimaan ja leikkimään metsiin ja niityille. Jos jätät niille lahjan, ne siunaavat sinua hyvällä onnella. Juhannusaatto osuu joka vuosi 21. kesäkuuta, joten saarelaiset jättävät joka vuosi tänä päivänä pieniä lahjoja, kuten kukkia tai makeisia, eri puolille **kotejaan**. Jotkut ihmiset jättivät jopa pieniä veneitä täynnä ruokaa **uhriksi** näille taikaolennoille.

Lapsena menimme usein yöllä metsään etsimään merkkejä keijujen toiminnasta. Etsimme jalanjälkiä tai kimaltelevia pölypolkuja, jotka johtivat piilotettuihin aukeisiin, joilla arvelimme keijujen tanssivan. Emme tietenkään koskaan nähneet **oikeita** keijuja, mutta se oli silti hauskaa! Eräänä juhannusaattona, kun olin noin 10-vuotias, päätimme ystävieni kanssa jättää keijuille **erityisen** lahjan. Olimme kuulleet, että ne pitävät makeisista, joten teimme sokerikeksejä kukkien ja sydämien muotoon. Sitten käärimme ne

Ålands skärgård

Ålands skärgård är en ögrupp i Östersjön. Skärgården är hemvist för en mängd olika **vilda djur,** bland annat sälar, delfiner och valar. Människor har också bebott öarna i århundraden, och kulturen är rik på traditioner. En tradition som är särskilt unik för Ålands skärgård är **bruket** att ge gåvor på midsommarafton. På denna natt sägs det att älvorna kommer ut för att dansa och leka i skogarna och på ängarna. Om du lämnar en gåva till dem kommer de att välsigna dig med lycka. Midsommarafton infaller den 21 juni varje år, så varje år på detta datum lämnar öborna små presenter som blommor eller godis på olika platser runt sina **hem**. Vissa människor lämnade till och med små båtar fyllda med mat som ett **offer** till dessa magiska varelser.

När vi var barn gick vi ofta ut i skogen på natten för att leta efter tecken på feer. Vi letade efter fotspår eller glittrande dammspår som ledde in i dolda gläntor där vi trodde att de kanske dansade. Naturligtvis såg vi aldrig några **riktiga** älvor, men det var ändå väldigt roligt! En midsommarafton, när jag var ungefär 10 år gammal, bestämde mina vänner och jag oss för att lämna en **speciell** gåva till älvorna. Vi hade hört att de gillade godis, så vi gjorde sockerkakor i form av blommor och hjärtan. Sedan svepte vi in dem i en vacker duk och

kauniiseen kankaaseen ja jätimme ne metsäaukean reunalle. Odottelimme hiljaa jonkin aikaa, mutta mitään merkkejä toiminnasta ei näkynyt. Juuri kun olimme valmistautumassa **lähtöön**, kuulimme pusikosta **kahinaa.**

Jähmettyimme paikallemme tietämättä, mitä tehdä. Yhtäkkiä aluskasvillisuudesta ilmestyi kaksi pientä **olentoa,** joilla oli siivet! Ne olivat juuri sellaisia kuin kuvittelimme keijujen näyttävän! Keijut lensivät sinne, missä lahjamme **odottivat,** ja alkoivat avata niitä innokkaasti. Ne näyttivät ilahtuvan lahjastamme ja siunasivat meidät hyvällä onnella ennen kuin lensivät yhdessä yötaivaalle. Se oli **unohtumaton** kokemus, jota tulen aina vaalimaan. Tuon taianomaisen yön jälkeen olen joka vuosi jatkanut perinnettä jättää keijuille lahjoja. Siitä on tullut erityinen osa juhannusjuhlaani. Tiedän, että he arvostavat sitä, ja minusta tuntuu hyvältä, kun voin tehdä heille jotain mukavaa. Jos olet joskus juhannusaattona Ahvenanmaan saaristossa, pidä silmäsi auki näiden vaikeasti tavoitettavien olentojen varalta. Ja kuka tietää, ehkä sinullakin on onnea ja saat **siunauksen** niiltä!

lämnade dem i kanten av en skogsglänta. Vi väntade tyst ett tag, men det fanns inga tecken på någon aktivitet. Precis när vi gjorde oss redo att **gå** hörde vi ett prasslande **ljud** från buskarna.

Vi frös på plats och visste inte vad vi skulle göra. Plötsligt kom två små **varelser** med vingar ut ur undervegetationen! De var precis som vi föreställde oss att älvor skulle se ut! Älvorna flög över till platsen där våra gåvor **väntade** och började ivrigt packa upp dem. De verkade förtjusta i vår gåva och välsignade oss med lycka innan de tillsammans flög ut i natthimlen. Det var en **oförglömlig** upplevelse som jag alltid kommer att minnas. Varje år sedan den magiska natten har jag fortsatt traditionen att lämna gåvor till älvorna. Det har blivit en särskild del av mitt midsommaravsfirande. Jag vet att de uppskattar det och det får mig att må bra av att kunna göra något fint för dem. Om du någon gång befinner dig i Ålands skärgård på midsommarafton, håll ögonen öppna för dessa svårfångade varelser. Och vem vet, kanske har du tur nog att få en **välsignelse** av dem också!

Ymmärtämisen kysymykset

1. Mikä on Ahvenanmaan saaristo?

2. Millaista villieläimistöä saarilla on?

3. Kuinka kauan ihmiset ovat asuttaneet Ahvenanmaan saaristoa?

4. Mikä on perinne antaa lahjoja juhannusaattona?

5. Miltä keijut näyttävät?

6. Mikä on juhannuksen merkitys?

7. Millaisia lahjoja ihmiset jättävät keijuille?

8. Mitä kirjailija ja hänen ystävänsä tekivät juhannusaattona?

9. Mitä tapahtui, kun kirjailija ja hänen ystävänsä jättivät lahjan keijuille?

10. Arvostavatko keijut heille jätettyjä lahjoja?

Frågor om förståelse

1. Vad är Ålands skärgård?

2. Vilken typ av djurliv finns på öarna?

3. Hur länge har människor bott i Ålands skärgård?

4. Vad är traditionen att ge gåvor på midsommarafton?

5. Hur ser älvorna ut?

6. Vilken betydelse har midsommarafton?

7. Vad för slags gåvor lämnar folk till älvorna?

8. Vad gjorde författaren och hennes vänner på midsommarafton?

9. Vad hände när författaren och hennes vänner lämnade en gåva till älvorna?

10. Uppskattar älvorna gåvorna som lämnas till dem?

Rannalla

Auringonnousun jälkeen aallot ovat kovempia ja hiekka vuoroveden yläpuolella on valkoista. Kävelen rannalle ja **ihailen** merta ja aurinkoa. Varpaani tuntevat simpukankuorien urat. Hiekka on kylmää varpaillani. Hymyilen ja jatkan matkaa. Vuorovesi on korkealla, joten minun on oltava varovainen, ettei minua vedetä sisään. Kävelen vesirajaa pitkin ja ihailen merta. Auringonnousu on **kaunis, ja** aallot pauhaavat. Minusta tuntuu niin rauhalliselta. Tulen paikkaan, jossa on kalliopaljastuma. Istun alas ja katselen aaltoja. Vesi on niin sinistä ja taivas on niin **oranssi**. Minusta tuntuu kuin olisin unessa. Suljen silmäni ja kuuntelen vain aaltoja. Istuin siinä pitkään, kunnes kuulin jonkun huutavan nimeäni.

Avaan silmäni ja näen äitini kävelevän minua kohti. Hänellä on huolestunut ilme kasvoillaan. Hymyilen ja vilkutan, ja hän **rentoutuu**. “Ihmettelinkin, minne menit”, hän sanoo. “Olen iloinen, että nautit rannasta.” Vastaan: “Niin nautin.” “Täällä on niin kaunista.” “Tiedän”, hän sanoo. “Kävin täällä aina, kun olin sinun ikäisesi.” “Niinkö?” Kysyn. “Joo”, hän vastaa. “Se on erityinen paikka.” “Tapasitko täällä koskaan ketään erityistä?” Kysyn. “Olen”, hän vastaa hymyillen. “Isäsi.” “Niinkö?” Sanon **yllättyneenä**. “Kyllä”, hän sanoo. “Meillä oli

På stranden

Efter soluppgången är vågorna högre och sanden ovanför tidvattnet är vit. Jag går ner till stranden och **beundrar** havet och solen. Mina tår känner skalens rännor. Sanden är kall på mina tår. Jag ler och fortsätter att gå. Tidvattnet är högt, så jag måste vara försiktig så att jag inte dras in. Jag går längs vattenkanten och beundrar havet. Soluppgången är **vacker och** vågorna slår mot varandra. Jag känner mig så fridfull. Jag kommer till en plats där det finns en klippavsats. Jag sätter mig ner och tittar på vågorna. Vattnet är så blått och himlen är så **orange**. Det känns som om jag befinner mig i en dröm. Jag blundar och lyssnar bara på vågorna. Jag satt där länge tills jag hörde någon ropa mitt namn.

Jag öppnar ögonen och ser min mamma gå mot mig. Hon har en orolig blick i ansiktet. Jag ler och vinkar och hon **slappnar av**. "Jag undrade vart du tog vägen", säger hon. "Jag är glad att du njuter av stranden." Jag svarar: "Det gör jag." "Det är så vackert här." "Jag vet", säger hon. "Jag brukade komma hit hela tiden när jag var i din ålder." "Verkligen?" Jag frågar. "Ja", svarar hon. "Det är ett speciellt ställe." "Träffade du någonsin någon speciell person här?" Jag frågar. "Det har jag gjort", svarar hon med ett leende. "Din far." "Verkligen?"

tapana tulla tänne koko ajan yhdessä. Rakastuimme täällä. " Hymyilen ja **kuvittelen** vanhempieni rakastuvan tällä kauniilla rannalla. "Se on erityinen paikka", hän toistaa. "Olen iloinen, että tulit tänne tänään."

Istumme siinä vielä hetken aikaa ja **katselemme** aaltoja ja auringonlaskua. Sitten nousemme ylös ja kävelemme takaisin rantapyyhkeillemme. Minä makaan ja katselen tähtiä. Tunnen itseni niin onnelliseksi ja tyytyväiseksi. Aallot ovat nyt kovempia, ja hiekka on kylmää. Aurinko laskee ja viileä tuuli puhaltaa. Aallot iskeytyvät rantaan, ja ilmassa on suolan tuoksu. On täydellinen ilta olla rannalla. Kävelen rantaa pitkin, **kuuntelen** aaltojen kohinaa ja katselen auringonlaskua. Näen ryhmän ihmisiä istumassa hiekalla, nauramassa ja vitsailemassa. He näyttävät pitävän hauskaa. Kävelen heidän luokseen ja kysyn, voinko liittyä heidän seuraansa. He suostuvat, ja vietämme loppuillan jutellen, nauraen ja **auringonlaskua** katsellen.
Se on täydellinen ilta. Juttelemme ryhmän kanssa auringonlaskuun asti. Jaamme tarinoita ja vitsejä, ja meillä kaikilla on hauskaa. Kun ilta alkaa laskea, meitä kaikkia alkaa väsyttää. Annamme toisillemme **jäähyväissuukon** ja eroamme toisistamme. Kävelen takaisin hotellille onnellisena ja tyytyväisenä. En voi uskoa, miten ihanaa täällä on. Olen niin onnekas, että olen saanut **kokea** sen.

Jag säger **förvånad**. “Ja”, säger hon. “Vi brukade komma hit hela tiden tillsammans. Det var här vi blev förälskade. “ Jag ler och **föreställer mig** mina föräldrar som förälskade sig på denna vackra strand. “Det är en speciell plats”, upprepar hon. “Jag är glad att du kom hit i dag.”

Vi sitter där ett tag till och **tittar på** vågorna och solnedgången. Sedan reser vi oss upp och går tillbaka till våra strandhanddukar. Jag lägger mig ner och tittar på stjärnorna. Jag känner mig så lycklig och nöjd. Vågorna är högre nu och sanden är kall. Solen håller på att gå ner och en sval bris blåser. Vågorna slår mot stranden och doften av salt ligger i luften. Det är en perfekt kväll att vara på stranden. Jag går längs stranden, **lyssnar** på vågornas ljud och tittar på solnedgången. Jag ser en grupp människor som sitter i sanden och skrattar och skämtar. De ser ut att ha det jättebra. Jag går fram till dem och frågar om jag får göra dem sällskap. De säger ja och vi tillbringar resten av kvällen med att prata, skratta och titta på **solnedgången**. Det är en perfekt kväll. Gruppen och jag pratar tills solen går ner. Vi delar med oss av historier och skämt och vi har alla väldigt roligt. När kvällen börjar falla börjar vi alla känna oss trötta. Vi kysser varandra **adjö** och går skilda vägar. Jag går tillbaka till mitt hotell och känner mig lycklig och nöjd. Jag kan inte fatta hur härligt det är här. Jag är så lyckligt lottad som har fått **uppleva** det.

Ymmärtämisen kysymykset

1. Minne kertoja menee herättyään?

2. Mitä kertoja ihailee kävellessään rannalla?

3. Mitä kertojan on varottava kävellessään rannalla?

4. Mihin kertoja istuu nauttimaan maisemista?

5. Kuinka kauan kertoja istuu siinä?

6. Kenet kertoja näkee avatessaan silmänsä uudelleen?

7. Mitä kertojan äiti sanoo?

8. Mistä kertoja ja hänen tapaamansa ihmiset puhuvat?

Frågor om förståelse

1. Vart går berättaren efter att hon vaknat?

2. Vad beundrar berättaren när hon går längs stranden?

3. Vad måste berättaren se upp för när hon går längs stranden?

4. Var sätter sig berättaren för att njuta av utsikten?

5. Hur länge sitter berättaren där?

6. Vem ser berättaren när hon öppnar ögonen igen?

7. Vad säger berättarens mamma?

8. Vad pratar berättaren och de människor hon träffar om?

Telttailu järvellä

Kävelen kohti järveä ja **ihailen** maiseman rauhallisuutta. Aurinko paistaa pienelle järvelle ja saa veden näyttämään kuin lasilevyltä. Ainoa liike on kalan satunnainen aaltoilu, kun kala **rikkoo** pinnan. Jopa linnut näyttävät pitävän taukoa helteestä, ja ilmaa täyttää vain kurjenmurujen ääni. **Yhtäkkiä** rauhan rikkoo kova roiskahdus. Suuri **kala** on hypännyt vedestä yrittäen napata sudenkorentoa. Kala ei osu kohteeseensa ja putoaa takaisin veteen roiskuen. “Vau”, ajattelen itsekseni, “se oli iso kala!”. Katsoin ympärilleni nähdäkseni, oliko kukaan muu nähnyt sitä, mutta paikalla ei ollut ketään. Minun on kai kerrottava heille, kun palaan leiriin.

Kuumuus on **painostava**, ja hengittäminen on vaikeaa. Ilma on paksua ja raskasta, kuin huopa, joka on kietoutunut ympärillesi. Ainoa helpotus on vesi. Se on viileää ja virkistävää, kuin kylmä juoma kuumana päivänä. Vedän syvään henkeä ja sukellan veteen. Helpotus on välitön, kun viileä vesi ympäröi minut. Uin pohjaan asti ja sitten takaisin pintaan, tunnen veden viilentävän kehoani. Jatkan **uintia** kierroksia nauttien hengähdystauosta kuumuudesta. Jonkin ajan kuluttua nousen vedestä ja asetun nurmikolle makaamaan, jotta aurinko voisi kuivattaa kehoni. Suljen silmäni ja vaipun

Camping vid sjön

Jag går mot sjön och **beundrar den** fridfulla scenen. Solen slår ner på den lilla sjön och får vattnet att se ut som en glasskiva. Den enda rörelsen är enstaka krusningar från en fisk som **bryter** ytan. Till och med fåglarna verkar ta en paus från värmen, endast ljudet av cikador fyller luften. **Plötsligt** bryts lugnet av ett högt plask. En stor **fisk** har hoppat upp ur vattnet och försöker fånga en trollslända. Fisken missar sitt mål och faller tillbaka i vattnet med ett plask. “Wow”, tänker jag för mig själv, “det var en stor fisk!”. Jag tittade mig omkring för att se om någon annan hade sett den, men det fanns ingen i närheten. Jag antar att jag får berätta för dem när jag kommer tillbaka till lägret.

Värmen är **tryckande och det är** svårt att andas. Luften är tjock och tung, som en filt som sveps runt dig. Den enda lättnaden finns i vattnet. Det är svalt och uppfriskande, som en kall dryck en varm dag. Jag tar ett djupt andetag och dyker ner i vattnet. Lättnaden är omedelbar när det svala vattnet omger mig. Jag simmar ner till botten och sedan tillbaka upp till ytan och känner hur vattnet kyler min kropp. Jag fortsätter att **simma** varv, och njuter av andningen från värmen. Efter ett tag stiger jag upp ur vattnet och lägger mig på gräset för att låta solen torka min kropp. Jag sluter ögonen och

uneen, ja **kurjenmiekkojen** ääni tuudittaa minut syvään uneen. Annan auringon paahtaa veden pois iholtani. Tunnen ihoni punoittavan, mutta en välitä. Minulla on liian kuuma välittääkseni.Seuraavaksi huomaan, että aurinko laskee. Taivas on kauniin oranssi, ja siinä on vaaleanpunaisia ja violetteja raitoja. Kuumuus on kadonnut, ja tilalle on tullut viileä **tuulenvire**.

Nousen ylös ja puen vaatteeni takaisin päälleni tuntien itseni virkistyneeksi ja nuoreksi. **Hengitän** syvään viileää ilmaa ja hymyilen. Tuntuu hyvältä olla elossa. Kävelen takaisin leirintäalueelle ja ihailen, miten värit tanssivat taivaalla. Näen leirinuotion palavan kaukana, ja voin haistaa savun ilmassa. Hymyilen ja **nopeutan** vauhtiani. Olen valmis rentoutumaan ja nauttimaan loppuillasta. Kävelen leirintäalueelle ja näen, että kaikki ovat kokoontuneet nuotion ympärille. He **nauravat** ja vitsailevat, ja näen tulen heijastuvan heidän silmissään. Hymyilen ja istahdan ystävieni viereen. On hyvä olla taas täällä. Seuraavana aamuna herään aikaisin ja alan pakata tavaroitani. Olen innokas palaamaan polulle ja jatkamaan matkaani. Hyvästelen ystäväni ja lähden kävelemään pois. Kävellessäni vilkaisen vielä kerran **leirintäaluetta**. Näen nuotion yhä palavan kaukana, ja voin haistaa savun ilmassa. Hymyilen ja nopeutan vauhtiani. Olen valmis jatkamaan **matkaani**.

somnar, ljudet av **cikadorna** vaggar mig in i en djup sömn. Jag låter solen bränna vattnet ur min hud. Jag känner hur min hud blir röd, men jag bryr mig inte. Jag är för varm för att bry mig. nästa sak jag vet är att solen går ner. Himlen är vackert orange med strimmor av rosa och lila. Hettan är borta och ersätts av en sval **bris**.

Jag reser mig upp och tar på mig kläderna igen, känner mig fräsch och föryngrad. Jag tar ett djupt **andetag** av den svala luften och ler. Det känns bra att vara vid liv. Jag går tillbaka till lägerplatsen och beundrar hur färgerna dansar på himlen. Jag ser lägerelden brinna i fjärran och känner lukten av rök i luften. Jag ler och **ökar** tempot. Jag är redo att slappna av och njuta av resten av kvällen. Jag går in på lägerplatsen och ser att alla är samlade runt elden. De **skrattar** och skämtar, och jag kan se elden spegla sig i deras ögon. Jag ler och sätter mig bredvid mina vänner. Det är skönt att vara tillbaka. Nästa morgon vaknar jag tidigt och börjar packa mina saker. Jag är ivrig att komma tillbaka på leden och fortsätta min resa. Jag tar farväl av mina vänner och börjar gå iväg. När jag går tar jag en sista titt på **lägerplatsen**. Jag kan se att elden fortfarande brinner i fjärran och jag kan känna lukten av rök i luften. Jag ler och ökar tempot. Jag är redo att fortsätta min **resa**.

Ymmärtämisen kysymykset

1. Minne kävelijä on menossa?

2. Millainen sää on?

3. Miltä vesi näyttää?

4. Miten kävelijä reagoi lämpöön?

5. Mitä kala tekee?

6. Miksi kävelijä on yksin?

7. Miltä vesi tuntuu?

8. Miltä kävelijästä tuntuu uinnin jälkeen?

9. Mihin aikaan päivästä kävelijä herää?

10. Minne kävelijä menee, kun hän lähtee leiristä?

Frågor om förståelse

1. Vart är gående på väg?

2. Vilket väder är det?

3. Hur ser vattnet ut?

4. Hur reagerar gående på värmen?

5. Vad gör fisken?

6. Varför är vandraren ensam?

7. Hur känns vattnet?

8. Hur känner sig gångaren efter simningen?

9. Vilken tid på dygnet är det när den rullatorn vaknar?

10. Vart tar vandraren vägen när han lämnar lägret?

Talo

Muutin uuteen talooni viime viikolla, ja olen niin **innoissani**! Se on paljon isompi kuin vanha taloni, ja siinä on iso takapiha. En malta odottaa, että pääsen kutsumaan ystäviä grillaamaan ja juhlimaan. Lempiosani on uusi makuuhuoneeni. Se on niin iso ja valoisa, ja minulla on paljon tilaa laittaa kaikki tavarani. Olen todella tyytyväinen uuteen talooni ja uskon, että tulen viihtymään täällä hyvin. Päätin tutkia taloa vähän enemmän. Menin yläkertaan toiseen kerrokseen ja lähdin kulkemaan kohti keittiötä, kun näin seinällä ison mustan hämähäkin! Huusin ja juoksin alakertaan. Olin niin **peloissani**! Mutta muutaman minuutin kuluttua rauhoituin ja päätin mennä takaisin yläkertaan. Pääsin hitaasti keittiöön ja näin, että hämähäkki oli kadonnut. Olin niin helpottunut! Menin takaisin alakertaan ja päätin mennä ulos tutkimaan **takapihaa**. Se oli niin iso! En voinut uskoa sitä. Näin nurkassa keinun ja liukumäen. Näin myös koripalloverkon ja **trampoliinin**. Olin niin innoissani!

En malta odottaa, että pääsen käyttämään kaikkia näitä uusia juttuja. **Naapurit** tulivat ja esittäytyivät. He vaikuttivat todella mukavilta, ja juttelimme jonkin aikaa. He kutsuivat minut ensi viikonloppuna grillijuhliinsa, ja sanoin, että tulen mielelläni. Ensimmäinen viikko

Huset

Jag flyttade in i mitt nya hus förra veckan, och jag är så **glad**! Det är så mycket större än mitt gamla och har en stor bakgård. Jag kan inte vänta på att få bjuda in vänner till grillkvällar och fester. Min favoritdel är mitt nya sovrum. Det är så stort och ljust, och jag har massor av utrymme att ställa alla mina saker. Jag är verkligen nöjd med mitt nya hus och jag tror att jag kommer att bli väldigt lycklig här. Jag bestämde mig för att utforska huset lite mer. Jag gick upp till andra våningen och började ta mig till köket när jag såg en stor svart spindel på väggen! Jag skrek och sprang ner för trappan. Jag var så **rädd**! Men efter några minuter lugnade jag mig och bestämde mig för att gå upp igen. Jag tog mig sakta fram till köket och såg att spindeln var borta. Jag var så lättad! Jag gick ner igen och bestämde mig för att gå ut och utforska **bakgården**. Den var så stor! Jag kunde inte tro det. Jag såg en gungställning i hörnet och en rutschkana. Jag såg också ett basketnät och en **studsmatta**. Jag var så uppspelt!

Jag kan inte vänta på att få använda alla dessa nya saker. **Grannarna** kom över och presenterade sig. De verkade riktigt trevliga och vi pratade en stund. De bjöd in mig till deras grillfest nästa helg, och jag sa att jag gärna vill komma. Jag har haft en fantastisk

uudessa talossani oli mahtava, ja olen innoissani kaikista tulevista uusista seikkailuista. Tänään aion mennä taas tutkimaan takapihalle ja katsoa, mitä muuta löydän. Kuka tietää, ehkä löydän jopa jonkin **aarteen**. En malta odottaa, mitä ensi viikko tuo tullessaan! Seuraavalla viikolla lähdin taas tutkimaan takapihaa, ja löysin **salaisen** puutarhan. Se oli niin kaunis! Siellä oli kukkia kaikkialla ja pieni lampi, jossa oli kaloja. Näin myös keinun, jota en ollut nähnyt aiemmin. Olin niin innoissani, kun löysin tämän salaisen puutarhan, enkä malta odottaa, että pääsen tutkimaan sitä lisää. Se oli niin **kaunis**!

Kaikkialla oli kukkia ja pieni lampi, jossa oli kaloja. Näin myös **keinun**, jota en ollut nähnyt aiemmin. Olin niin innoissani, kun löysin tämän salaisen puutarhan, enkä malta odottaa, että pääsen tutkimaan sitä lisää. Rakastin myös uutta huonettani. Se oli niin iso ja valoisa, ja seinillä oli jo lempibändieni julisteita. Minun ei edes tarvinnut tuoda omia **huonekalujani, koska** täällä oli jo sänky, lipasto ja kirjoituspöytä. Tästä tulee paras vuosi ikinä! Olin hieman hermostunut aloittamaan uudessa **koulussa, mutta** kaikki uudet naapurini ovat olleet niin ystävällisiä. Tapasin jopa naapurissa asuvan tytön, joka lupasi kävellä kanssani kouluun ensimmäisenä päivänä. Rakastan uutta kotiani, ja olen niin innoissani uuden elämänvaiheen aloittamisesta!

första vecka i mitt nya hus, och jag är förväntansfull inför alla nya äventyr som väntar. I dag ska jag gå på upptäcktsfärd i trädgården igen och se vad mer jag kan hitta. Vem vet, kanske hittar jag till och med en **skatt**. Jag kan inte vänta på att se vad nästa vecka kommer att föra med sig! Nästa vecka gick jag på upptäcktsfärd i trädgården igen och hittade en **hemlig** trädgård. Den var så vacker! Det fanns blommor överallt och en liten damm med fiskar i. Jag såg också en gungställning som jag inte hade sett förut. Jag blev så glad över att hitta den här hemliga trädgården och jag kan inte vänta på att utforska den mer. Den var så **vacker**!

Det fanns blommor överallt och en liten damm med fiskar i. Jag såg också en gungställning som jag inte hade sett förut. Jag var så glad över att hitta den här hemliga trädgården och jag kan inte vänta på att utforska den mer. Jag älskade också mitt nya rum. Det var så stort och ljust, och det fanns redan affischer med mina favoritband på väggarna. Jag behövde inte ens ta med mig några egna **möbler** eftersom det redan fanns en säng, en byrå och ett skrivbord här. Det här kommer att bli det bästa året någonsin! Jag var lite nervös över att börja på en ny **skola,** men alla mina nya grannar har varit så vänliga. Jag har till och med träffat en tjej som bor bredvid och hon säger att hon ska gå till skolan med mig på min första dag. Jag älskar mitt nya hus, och jag är så glad över att börja detta nya kapitel i mitt liv! Morgondagen kommer att bli fantastisk!

Ymmärtämisen kysymykset

1. Missä henkilö asuu?

2. Millaista on asua uudessa talossa?

3. Mikä on henkilön lempiosuus uudessa talossa?

4. Mitä henkilö löysi puutarhasta?

5. Ketkä ovat naapureita?

6. Miltä tuntuivat henkilön ensimmäiset päivät uudessa talossa?

7. Mikä on henkilön lempiosuus uudessa huoneessa?

8. Mitä henkilö aikoo tehdä huomenna?

9. Mikä oli parasta henkilön ensimmäisessä viikossa uudessa talossa?

10. Mitä kaikkea henkilön uudessa huoneessa on?

Frågor om förståelse

1. Var bor personen?

2. Hur trivs personen i det nya huset?

3. Vad är personens favoritdel i det nya huset?

4. Vad hittade personen i trädgården?

5. Vilka är grannarna?

6. Hur kändes de första dagarna i det nya huset?

7. Vad är personens favoritdel i det nya rummet?

8. Vad planerar personen att göra i morgon?

9. Vad var det bästa med personens första vecka i det nya huset?

10. Vad finns i personens nya rum?

Junassa

Juoksin juna-asemalle, mutta olin liian myöhässä. Juna oli jo lähtenyt ilman minua. Olin niin **vihainen** ja **pettynyt** itseeni. Olin suunnitellut meneväni junalla maalla asuvien isovanhempieni luo, mutta nyt minun pitäisi odottaa seuraavaa junaa kokonainen tunti. Päätin sen sijaan kävellä hetken kaupungilla ja yritin unohtaa menetetyn tilaisuuden. Kävellessäni aloin **haaveilla** kaikista niistä paikoista, joihin **junalla** voi päästä. Yhtäkkiä en ollutkaan enää niin järkyttynyt. Suuntasin takaisin asemalle enkä voinut olla huomaamatta suurta punaista, valkoista ja sinistä veturia, joka kurvailee minua kohti. Vasta kun näen **konduktöörin** vilkuttavan minulle ikkunasta, tajuan, että tämä juna on minua varten. Nousen junaan, etsin istumapaikkani ja asetun odottamaan pitkää matkaa.

Kun lähdemme asemalta, en voi olla miettimättä, minne tämä juna vie minut. Vihreiden **peltojen** halki ja sinisten jokien yli, vuorten ja laaksojen ohi, ei voi tietää, minne tämä vanha juna vie. Kun yö alkaa laskeutua, vaipun **rauhalliseen** uneen, jota vaunujen **rytmikäs** liike raiteilla tuudittaa. Kun aamu taas koittaa, avaan silmäni ja huomaan, että olemme saapuneet pikkukaupunkiin jossain keskellä ei mitään. Aurinko kurkistaa juuri horisontin takaa, kun paikalliset alkavat vilskeillä

På tåget

Jag sprang till tågstationen, men det var för sent. Tåget hade redan gått utan mig. Jag kände mig så **arg** och **besviken** på mig själv. Jag hade planerat att ta tåget för att besöka mina morföräldrar som bor på landet, men nu skulle jag behöva vänta en hel timme på nästa tåg. Jag bestämde mig för att gå runt i staden en stund i stället och försökte glömma min missade möjlighet. Medan jag gick började jag **dagdrömma** om alla de platser som **tågen** kan ta en till. Plötsligt var jag inte längre så upprörd. Jag går tillbaka in på stationen och kan inte låta bli att lägga märke till det stora röda, vita och blå lokomotivet som tuffar fram mot mig. Det är inte förrän jag ser **konduktören** vinka till mig från fönstret som jag förstår att det här tåget är till mig. Jag går ombord på tåget och hittar min plats och sätter mig ner för vad som lovar att bli en lång resa.

När vi lämnar stationen kan jag inte låta bli att undra vart tåget kommer att ta mig. Genom gröna **fält** och över blå floder, förbi berg och dalar, det går inte att säga vart det här gamla tåget kommer att ta vägen. När mörkret börjar falla glider jag in i en **fridfull** sömn, vaggad av den **rytmiska** rörelsen av vagnarna på spåren nedanför. När morgonen kommer igen öppnar jag ögonen och upptäcker att vi har anlänt till en liten

pääkadulla; näyttää ihan samalta kuin mikä tahansa päivä täällä, paitsi yksi asia - kaupungintalon lähellä on iso kyltti, jossa lukee "Tervetuloa kyytiin!". Vaikuttaa siltä, että tämä pieni kaupunki on odottanut meitä, vaikka olemme vain tavallinen matkustajajuna, joka on matkalla muualle. Kun jätämme kaupungin jälleen kerran taaksemme ja puksuttelemme kohti ties minne seuraavaksi, hymyilen kaikille ystävällisille kasvoille, jotka vilkuttavat hyvästiksi noista pienistä taloista, jotka sijaitsevat **viljelysmaan** keskellä - on todella hämmästyttävää, miten jokin näennäisen tavallinen asia voi tuoda niin paljon iloa vain kulkemalla ohi. Ja sitten ovat tietenkin **lapset**.

Nojaan veturini ikkunasta ulos. He saavat minut aina tuntemaan itseni niin onnelliseksi kiiltävine silmineen ja leveine virneineen. Vilkutan heille tarmokkaasti takaisin ennen kuin palaan **hyttiini** ja istahdan alas. Päivä on ollut jo pitkä, mutta se ei ole vielä ohi; on vielä muutama tunti aikaa, ennen kuin saavumme lopulliseen **määränpäähämme**. Otan kirjani esiin ja alan lukea, annan junan rytmikkään keinumisen tuudittaa minut rauhalliseen tilaan. Aina välillä vilkaisen ulkona ohi kulkevia maisemia - ne eivät koskaan kyllästy, vaikka näkisin ne kuinka monta kertaa. Lopulta yö alkaa laskeutua ja kaukaisuudessa alkaa näkyä **tuikkivia** valoja; olemme jo lähellä.

stad någonstans mitt ute i ingenstans. Solen tittar precis över horisonten när lokalbefolkningen börjar mingla runt på Main Street; det ser ut som vilken dag som helst här förutom en sak - det finns en stor skylt uppsatt nära stadshuset där det står “Välkommen ombord!”. Det verkar som om den här lilla staden har väntat på oss, trots att vi bara är ett vanligt passagerartåg som passerar på väg någon annanstans. När vi återigen lämnar staden bakom oss och tuffar vidare mot vem vet vart vi ska, ler jag åt alla vänliga ansikten som vinkar adjö från de små husen som ligger inbäddade bland **jordbruksmarken - det** är verkligen fantastiskt hur något så till synes ordinärt kan ge så mycket glädje bara genom att passera. Och sedan finns det naturligtvis **barnen**.

Jag lutar mig ut genom fönstret på mitt lokomotiv. De får mig alltid att känna mig så lycklig med sina lysande ögon och stora leenden. Jag vinkade energiskt tillbaka till dem innan jag återvände till min **hytt** och satte mig ner. Det har redan varit en lång dag, men den är inte över än; det är fortfarande några timmar kvar tills vi når vår **slutdestination**. Jag tar fram min bok och börjar läsa och låter tågets rytmiska gungning vagga mig in i ett lugnt tillstånd. Då och då tittar jag upp på landskapet som passerar förbi utanför - det blir aldrig gammalt hur många gånger jag än ser det. Så småningom börjar det bli mörkt och **blinkande** ljus börjar synas i fjärran; vi börjar närma oss nu.

Ymmärtämisen kysymykset

1. Minne juna on menossa?

2. Ketkä matkustavat junassa?

3. Milloin juna lähtee?

4. Miten päähenkilö pääsee junaan?

5. Mistä juna tulee?

6. Minne juna menee seuraavaksi?

7. Milloin matkustajat saapuivat?

8. Miltä päähenkilöstä tuntuu, kun hän myöhästyy junasta?

9. Miten junankuljettaja reagoi nähdessään päähenkilön?

10. Miksi päähenkilö pitää junista?

Frågor om förståelse

1. Vart är tåget på väg?

2. Vem reser med tåget?

3. När avgår tåget?

4. Hur kommer huvudpersonen ombord på tåget?

5. Varifrån kommer tåget?

6. Vart ska tåget åka nästa gång?

7. När anlände passagerarna?

8. Hur känner sig huvudpersonen när han missar tåget?

9. Hur reagerar lokföraren när han ser huvudpersonen?

10. Varför gillar huvudpersonen tåg?

Ruoanlaitto illallinen

Kello on nyt viisi iltapäivällä, ja kävelen töistä kotiin. Odotan **innolla** rauhallista iltaa kotona kumppanini kanssa. Laitamme yhdessä illallista ja sitten vain rentoudumme loppuillan. Tuntuu hyvältä tietää, ettei minulla ole tänä **iltana** mitään suunnitelmia tai velvollisuuksia. Saavun kotiin, ja kumppanini on jo keittiössä ja alkaa valmistaa illallista. Täällä tuoksuu **ihanalta!** Juttelemme kokatessamme, kerromme toistemme päivistä ja jaamme pieniä tarinoita työelämästä. Keittiö on lempihuoneeni asunnossamme. Rakastan ruoanlaittoa, ja erityisesti rakastan ruoanlaittoa kumppanini kanssa. Meillä on täällä aina niin hauskaa, kun nauramme ja vitsailemme kokkaillessamme. Lisäksi ruoka on aina **uskomatonta**, kun työskentelemme **yhdessä**.

Tänä iltana teemme yhtä kaikkien aikojen suosikkiresepteistäni: parmesaanikanaa. Kumppanini aloittaa paneroimalla kanan, kun minä saan kastikkeen kiehumaan **liedellä**. Työskentelemme yhdessä kuin hyvin öljytty kone, ja ennen pitkää illallinen on valmis tarjoiltavaksi. Istumme pienen keittiön pöydän ääreen **lautaset** täynnä parmesaanikanaa, pastaa ja salaattia. Juomme lasit yhteen ja otamme ensimmäisen suupalan - ja se on **taivaallista**! Kana on rapeaa ulkoa mutta

Matlagning av middag

Klockan är 17.00 och jag går hem från jobbet. Jag ser **fram emot en** lugn kväll hemma med min partner. Vi ska laga middag tillsammans och sedan bara slappna av resten av kvällen. Det känns skönt att veta att jag inte har några planer eller skyldigheter den här **kvällen**. Jag kommer hem och min partner står redan i köket och börjar förbereda vår middag. Det luktar **fantastiskt** här inne! Vi pratar medan vi lagar mat, tar del av varandras dagar och delar med oss av små historier från våra arbetsliv. Köket är mitt favoritrum i vår lägenhet. Jag älskar att laga mat, och jag älskar särskilt att laga mat tillsammans med min partner. Vi har alltid så roligt här inne, skrattar och skämtar medan vi lagar en storm. Dessutom blir maten alltid **otrolig** när vi arbetar **tillsammans**.

Ikväll ska vi laga ett av mina absoluta favoritrecept: **kyckling** parmesan. Min partner börjar med att panera kycklingen medan jag får såsen att sjuda på **spisen**. Vi arbetar tillsammans som en väloljad maskin och snart är middagen klar att serveras. Vi sätter oss vid vårt lilla köksbord med **tallrikar** fulla med kyckling parmesan, pasta och sallad. Vi klinkar i glasen och tar vår första tugga - och den är **himmelsk**! Kycklingen är krispig på utsidan men saftig på insidan, såsen är smakrik

mehukasta sisältä; kastike on maukasta ja täydellistä; pasta on kypsää al dente... kaikki maistuu tänä iltana aivan täydelliseltä. Me molemmat tiedämme, että tämä oli yksi niistä illoista, jolloin kaikki vain sopi täydellisesti yhteen, kun **nautimme** herkullisen ateriamme joka ikisen suupalan. Se maistui jopa paremmalta kuin se tuoksui - mikä oli pirun hyvä! Syömme ateriamme suhteellisen nopeasti loppuun, sillä kummallakaan meistä ei ole tänään erityisen nälkä, mutta nautimme kaikessa rauhassa vielä muutaman **lasillisen** viiniä jutellessamme kevyesti tästä ja tuosta aiheesta. Ruoan jälkeen siivoamme nopeasti yhdessä ja siirrymme sitten olohuoneeseen, jossa vietämme jonkin aikaa sohvalla **halailemassa** ja katselemassa televisiota.

Tuntuu niin mukavalta olla lähellä toisiaan pitkän **työpäivän** jälkeen. Tunnen itseni tyytyväiseksi. Vaikka meillä ei ollutkaan tapahtumarikas ilta, oli mukavaa vain viettää aikaa yhdessä ilman, että tarvitsisi lähteä kotoa. Katsoimme elokuvan ja menimme aikaisin nukkumaan, ja olimme **tyytyväisiä** yksinkertaiseen illanviettoon. Tästä on tullut yksi lempipuuhistamme sellaisina iltoina, kun emme halua lähteä ulos - rentoudumme vain kotona ja nautimme toistemme seurasta kotona valmistetun aterian äärellä. On aina mukavaa tietää, että voimme palata tänne pitkän päivän jälkeen ja olla vain oma itsemme.

och perfekt, pastan är kokt al dente... allt smakar helt perfekt i kväll. Vi vet båda att det här var en av de kvällar där allting bara kom samman perfekt när vi **njuter av** varenda tugga av vår utsökta måltid. Den smakade ännu bättre än den luktade - vilket var jäkligt bra! Vi äter upp vår måltid relativt snabbt eftersom ingen av oss är särskilt hungrig idag, men vi tar oss tid att njuta av ytterligare några **glas** vin medan vi pratar lättsamt om det ena eller andra ämnet. Efter middagen städar vi snabbt tillsammans och flyttar sedan in i vardagsrummet där vi tillbringar lite tid med att **mysa** i soffan medan vi tittar på TV.

Det känns så skönt att bara vara nära varandra efter en lång **arbetsdag**. Jag känner mig nöjd. Även om vi inte hade någon händelserik kväll var det trevligt att bara tillbringa lite tid tillsammans utan att behöva lämna huset. Vi tittade på en film och gick tidigt till sängs och kände oss **nöjda** med vår enkla kväll. Detta har blivit en av våra favoritsaker att göra på kvällar när vi inte vill gå ut - bara koppla av hemma och njuta av varandras sällskap över en hemlagad måltid. Det är alltid trevligt att veta att vi kan komma tillbaka hit efter en lång dag och bara vara oss själva.

Ymmärtämisen kysymykset

1. Mistä kertoja on kotoisin?

2. Mitä kertoja tekee töiden jälkeen?

3. Mitä kertoja syö päivälliseksi?

4. Miksi kertoja pitää keittiöstä?

5. Millaista ruokaa pariskunta valmistaa?

6. Miltä kertojasta tuntuu illan päätteeksi?

7. Mitä pariskunta tekee mieluiten?

8. Mitä pariskunta tekee, kun he väsyvät?

9. Missä he nukkuvat?

10. Miksi kertoja haluaa olla kotona?

Frågor om förståelse

1. Varifrån kommer berättaren?

2. Vad gör berättaren efter jobbet?

3. Vad äter berättaren till middag?

4. Varför gillar berättaren köket?

5. Vilken typ av maträtt lagar paret?

6. Hur känner sig berättaren i slutet av kvällen?

7. Vad är parets favoritsak att göra?

8. Vad gör paret när de blir trötta?

9. Var sover de?

10. Varför vill berättaren stanna hemma?

Kävellen kotiin

Oli **rauhallinen** ilta, kun kävelin töistä kotiin. Käveliessäni en voinut olla hymyilemättä muistoille. Tuntui hyvältä olla taas vanhalla asuinalueellani. Vilkutin muutamalle tutulle ihmiselle, ja he vilkuttivat takaisin. Oli hyvä olla kotona. Kävelin vanhan kouluni ohi ja **muistelin** kaikkia niitä hyviä hetkiä, joita minulla oli ystävieni kanssa. Kävelimme aina yhdessä kotiin ja puhuimme päivästä. **Joskus** pysähdyimme hakemaan jäätelöä tai menimme puistoon. Ne olivat parhaita aikoja. Kaipaan niitä aikoja. Mutta nyt minulla on oma perhe ja olen tyytyväinen elämääni. Olen iloinen, että voin muistella noita muistoja ja hymyillä. Ne ovat osa elämääni, jota tulen aina vaalimaan. Ne olivat parhaita aikoja. Kaipaan niitä aikoja. Mutta nyt minulla on oma perhe ja olen tyytyväinen elämääni. Olen iloinen, että voin muistella noita **muistoja** ja hymyillä. Ne ovat osa elämääni, jota tulen aina vaalimaan.

Jatkan kävelyä ja ajattelen hyviä aikoja, joita minulla oli ystävieni kanssa. Tiedän, että näen heidät pian uudelleen. Suuntaan kohti kotiani ja päätän kävellä läheisen puiston läpi. Aurinko on laskemassa ja taivas muuttuu **kauniin** oranssin väriseksi. Puisto on tyhjä, lukuun ottamatta muutamaa lintua, jotka visertävät puissa. **Vedän** syvään **henkeä** ja hymyilen. Kun

Att gå hem

Det var en **lugn** natt när jag gick hem från jobbet. När jag gick kunde jag inte låta bli att le åt minnena. Det kändes bra att vara tillbaka i mitt gamla kvarter. Jag vinkade till några personer som jag kände och de vinkade tillbaka. Det var skönt att vara hemma. Jag gick förbi min gamla skola och **mindes** alla goda stunder som jag hade haft med mina vänner. Vi brukade alltid gå hem tillsammans och prata om vår dag. **Ibland** stannade vi och köpte glass eller gick till parken. Det var de bästa tiderna. Jag saknar dessa tider. Men nu har jag min egen familj och är nöjd med mitt liv. Jag är glad att jag kan se tillbaka på dessa minnen och le. De är en del av mitt liv som jag alltid kommer att uppskatta. Det var den bästa tiden. Jag saknar den tiden. Men nu har jag min egen familj och är lycklig med mitt liv. Jag är glad att jag kan se tillbaka på dessa **minnen** och le. De är en del av mitt liv som jag alltid kommer att uppskatta.

Jag fortsätter att gå och tänker på de fina stunderna med mina vänner. Jag vet att jag snart kommer att träffa dem igen. Jag går mot mitt hem och bestämmer mig för att gå genom en park i närheten. Solen håller på att gå ner och himlen får en **vacker** orange färg. Parken är tom, förutom några fåglar som kvittrar i träden. Jag tar ett djupt **andetag och** ler. När jag går genom parken

kävelen puiston läpi, näen tähdenlentotähden leijailevan taivaalla. Toivon tähdelle jotain ja jatkan kävelyä. Ajattelen työpäivääni ja sitä, miten **rauhallista** se oli. Hymyilen itsekseni ja mietin, kuinka onnekas olen, kun minulla on näin hyvä työ. Kävelen kotiin **tuntien** viileän yöilman ihollani. Tunnen itseni niin eloisaksi ja onnelliseksi, kun nautin vain siitä, että kävelen kotiin rauhallisena iltana. Olo oli niin hyvä, että aloin **viheltää**. Kävelin muutaman ihmisen ohi kadulla, mutta he olivat kaikki keskittyneet omiin asioihinsa.

Käännyin kadunkulmasta kadulle ja näin naapurin kissan, herra Whiskersin, istuvan kuistillani. Tervehdin sitä, ja se miautti takaisin. **Avasin** oveni ja menin sisään. Olin niin onnellinen ollessani kotona. Riisuin kenkäni ja valmistauduin nukkumaan. Menin sinä yönä nukkumaan onnellisena ja kiitollisena, sydämeni täynnä rakkautta. Nukuin sikeästi läpi yön, en murehtinut mitään. Heräsin levollisesta unesta ja minua **tervehti** aurinko, joka paistoi sisään ikkunastani. Nousin sängystä ja venyttelin, hengitin syvään ja tunsin viileän ilman täyttävän keuhkoni. Kävelin ikkunalleni ja katsoin ulos, kuulin lintujen visertävän ja **oravien** leikkivän. Hymyilin ja menin pukeutumaan onnellisena ja tyytyväisenä. Minulla oli ollut hieno päivä, vietin aikaa **ystävieni** ja perheeni kanssa. Nauroin ja vitsailin ja vain **nautin** olostani.

ser jag ett stjärnskott röra sig över himlen. Jag önskar mig något på den stjärnan och fortsätter att gå. Jag tänker på min dag på jobbet och hur **fridfull** den var. Jag ler för mig själv och tänker på hur lycklig jag är som har ett så bra jobb. Jag går hem och **känner den** svala nattluften på min hud. Jag känner mig så levande och lycklig, när jag bara njuter av den enkla handlingen att gå hem en lugn natt. Jag kände mig så bra att jag började **vissla**. Jag gick förbi några människor på gatan, men alla skötte sig själva.

Jag svängde runt hörnet på min gata och såg grannens katt, Mr Whiskers, sitta på min veranda. Jag sa hej till honom och han mejade tillbaka. Jag **låste upp** min dörr och gick in. Jag var så glad över att vara hemma. Jag tog av mig skorna och gjorde mig redo för sängen. Jag gick till sängs den kvällen och kände mig glad och tacksam, mitt hjärta fullt av kärlek. Jag sov gott hela natten och oroade mig inte för någonting. Jag vaknade upp från en vilsam sömn och **möttes** av solen som sken in genom mitt fönster. Jag gick upp ur sängen och sträckte mig, tog ett djupt andetag och kände hur den svala luften fyllde mina lungor. Jag gick till mitt fönster och tittade ut, hörde fåglarna kvittra och **ekorrarna** leka. Jag log och gick och klädde på mig och kände mig glad och nöjd. Jag hade haft en fantastisk dag och tillbringat tid med mina **vänner** och min familj. Jag skrattade och skämtade och bara **njöt**.

Ymmärtämisen kysymykset

1. Mitä päähenkilö teki, kun tarina alkoi?

2. Mitä päähenkilö ajatteli kävellessään kotiin?

3. Mitä päähenkilöllä oli tapana tehdä ystävien kanssa koulun jälkeen?

4. Mitä päähenkilö kaipaa noista ajoista?

5. Mitä päähenkilö ajattelee nykyisestä elämästään?

6. Mitä päähenkilö tekee, kun hän näkee tähdenlennon?

7. Miltä päähenkilöstä tuntuu, kun hän kävelee kotiin?

8. Mitä päähenkilö tekee, kun hän pääsee kotiin?

9. Miltä päähenkilöstä tuntuu, kun hän herää seuraavana aamuna?

10. Mitä päähenkilö tekee seuraavana päivänä?

Frågor om förståelse

1. Vad gjorde huvudpersonen när berättelsen började?

2. Vad tänkte huvudpersonen på när han gick hem?

3. Vad brukade huvudpersonen göra med sina vänner efter skolan?

4. Vad saknar huvudpersonen från den tiden?

5. Vad tycker huvudpersonen om sitt nuvarande liv?

6. Vad gör huvudpersonen när de ser ett stjärnfall?

7. Hur känner sig huvudpersonen när de går hem?

8. Vad gör huvudpersonen när de kommer hem?

9. Hur känner sig huvudpersonen när han vaknar nästa morgon?

10. Vad gör huvudpersonen nästa dag?

Linna

Perhe oli aina halunnut vierailla vanhassa linnassa **Saksassa,** ja lopulta he tekivät matkan. He eivät olleet **pettyneitä**. Linna oli kaunis, ja he nauttivat sen moniin huoneisiin ja käytäviin tutustumisesta. Ensimmäinen asia, joka heihin iski, oli haju. He löysivät **hometta**, kosteutta ja jotain muuta, mitä he eivät osanneet määritellä. Toinen asia oli ääni. Kiviseinät ovat paksut, mutta ne eivät vaimenta ääntä kokonaan. He kuulivat jokaisen askeleen, jokaisen normaalilla äänellä puhutun sanan ja satunnaisen veden tippumisen **jostain** kaukaa. Kun heidän silmänsä sopeutuivat hämärään valoon, he näkivät ympärillään massiiviset kiviseinät, joista roikkui seinävaatteita riekaleina. He seisoivat valtavassa salissa, jonka korkeaa kattoa tukivat veistetyt pilarit. He ihastuivat myös tornista avautuviin näkymiin, ja lapsilla oli hauskaa juosta ympäriinsä. **Aurinko** oli alkanut laskea, kun he olivat lopettaneet linnan tutkimisen, ja he katuivat, etteivät olleet ottaneet **taskulamppua** mukaan. He päättivät palata takaisin sisäänkäynnille, mutta eksyivät pian. He harhailivat ympäriinsä tuntui tuntikausilta, kunnes lopulta he törmäsivät oveen, joka johti ulos. He jatkoivat matkaa, kunnes he **saapuivat** käytävän päähän ja tulivat mahtavien pariovien eteen. He yrittivät kuinka paljon tahansa, mutta ovet eivät liikkuneet. Ne kolisivat **pahaenteisesti**, mutta eivät

Slottet

Familjen hade alltid velat besöka ett gammalt slott i **Tyskland,** och till slut gjorde de resan. De blev inte **besvikna**. Slottet var vackert och de njöt av att utforska dess många rum och korridorer. Det första som slog dem var lukten. De hittade **mögel**, fukt och något annat som de inte riktigt kunde sätta fingret på. Det andra var ljudet. Stenväggar är tjocka, men de dämpar inte ljudet helt och hållet. De hörde varje fotsteg, varje ord som sades med normal röst och ibland droppade vatten **någonstans** i fjärran. När deras ögon anpassade sig till det svaga ljuset såg de massiva stenväggar som tornade upp sig runt omkring dem och från dem hängde gobelänger i **trasiga** fragment. De stod i en enorm sal med högt tak som stöddes av snidade pelare. De älskade också utsikten från tornen, och barnen hade en fantastisk tid att springa runt på området. **Solen** hade börjat gå ner när de var klara med att utforska slottet, och de ångrade att de inte hade tagit med sig en **ficklampa**. De bestämde sig för att ta sig tillbaka till ingången, men fann sig snart vilse. De vandrade runt i vad som kändes som timmar, tills de slutligen kom till en dörr som ledde ut. De fortsatte tills de **nådde** slutet av hallen och kom till en imponerande uppsättning dubbeldörrar. De försökte hur mycket de än gjorde, men dörrarna rörde sig inte. De skramlade **betänkligt**

liikkuneet senttiäkään. Näytti siltä, että se, joka oli ollut täällä aiemmin, oli varmasti mennyt tästä läpi ja lukinnut ne sisältä. Lopulta he löytävät tien ulos. Helpotus valtaa heidät, kun he astuvat ulos viileään yöilmaan.

Aurinko oli alkanut laskea, ja he **katuivat**, etteivät olleet ottaneet taskulamppua mukaansa. He päättivät palata takaisin sisäänkäynnille, mutta eksyivät pian. He harhailivat ympäriinsä tuntui tuntikausilta, kunnes lopulta he törmäsivät oveen, joka johti **ulos**. Helpotus valtasi heidät, kun he astuivat ulos viileään yöilmaan. Seuraavana iltana he ottivat taskulampun mukaansa, kun he tutkivat loput linnasta. He kävelivät **sisäpihan** läpi ja alas **linnan** muurien takana virtaavalle joelle. Kun he kävelivät ympäriinsä, he alkoivat kuulla outoja ääniä. Se kuulosti siltä, että joku seurasi heitä. He kiihdyttivät vauhtiaan, mutta äänet tulivat kovemmiksi ja lähemmäksi. Perhe juoksi takaisin linnaan niin nopeasti kuin pystyi, ja he olivat helpottuneita nähdessään, ettei **tummaan** viittaan pukeutunut hahmo ollut seurannut heitä.

men rörde sig inte en tum. Det såg ut som om den som varit här tidigare måste ha gått igenom här och låst dem inifrån. Så småningom hittar de en väg ut. Lättnad sköljde över dem när de klev ut i den svala nattluften.

Solen hade börjat gå ner och de **ångrade** att de inte hade tagit med sig en ficklampa. De bestämde sig för att ta sig tillbaka till ingången, men fann sig snart vilse. De vandrade runt i vad som kändes som timmar, tills de slutligen kom till en dörr som ledde **ut**. Lättnad sköljde över dem när de klev ut i den svala nattluften. Nästa kväll såg de till att ta med sig en ficklampa när de utforskade resten av slottet. De gick genom **gården** och ner till floden som rann bakom **slottets** murar. Medan de gick runt började de höra konstiga ljud. Det lät som om någon följde efter dem. De ökade tempot, men ljuden blev högre och närmare. Familjen sprang tillbaka till slottet så fort de kunde, och de var lättade över att se att figuren i den **mörka** kappan inte hade följt efter dem.

Ymmärtämisen kysymykset

1. Mitä perhe teki, kun he eksyivät linnaan?

2. Miltä perheestä tuntui, kun he saivat tietää, että kyseessä oli vain paikallinen mies?

3. Mitä mies teki, minkä vuoksi hänet pidätettiin?

4. Mikä oli miehen tuomio?

5. Mitä ääntä perhe kuuli kävellessään?

6. Missä tummaan viittaan pukeutunut hahmo oli, kun perhe näki hänet?

7. Mitä perhe teki palattuaan huoneeseensa?

8. Milloin perhe lähti taas tutkimaan linnaa?

9. Mikä oli se asia, jota perhe ei osannut selittää?

10. Mitä perhe teki ennen kuin he lähtivät taas tutkimaan linnaa?

Frågor om förståelse

1. Vad gjorde familjen när de gick vilse i slottet?

2. Hur kände sig familjen när de fick reda på att det bara var en lokal man?

3. Vad gjorde mannen som gjorde att han blev arresterad?

4. Vilken var domen för mannen?

5. Vilket ljud hörde familjen när de gick?

6. Var befann sig figuren i den mörka kappan när familjen såg honom?

7. Vad gjorde familjen när de kom tillbaka till sitt rum?

8. När gick familjen på upptäcktsfärd i slottet igen?

9. Vad var det som familjen inte kunde sätta fingret på?

10. Vad gjorde familjen innan de gick på upptäcktsfärd i slottet igen?

Minun puutarhani

Puutarhani on onnellinen paikkani. Menen sinne joka päivä, satoi tai paistoi, ja vietän aikaa kasvieni hoidossa. Minulla on vähän **kaikkea - vihanneksia**, hedelmiä, kukkia, yrttejä. Minulla on jopa muutama kana, jotka auttavat pitämään tuholaiset loitolla. Aloitan päiväni puutarhassa keräämällä kanojen munat. Sitten tarkastan vihannekset ja varmistan, että ne saavat riittävästi vettä ja aurinkoa. Kitken sängyt ja poimin pois kaikki ötökät, jotka saattavat **hyökätä** kasvien **kimppuun.** Kun **kaikki on hoidettu**, istun alas ja nautin luonnon rauhasta ja hiljaisuudesta.

Olen aina rakastanut viettää aikaa puutarhassani. Luonnon ja sen tarjoaman **kauneuden** ympäröimänä oleminen on jotain erityistä. Minusta se on hyvin rauhallinen ja rauhoittava paikka. Vietän usein aikaa puutarhassani vain rentoutuen ja maisemista nauttien. Nautin myös työskentelystä puutarhassani ja kasvattamisesta. Minulla on melko hyvän kokoinen puutarha, ja tykkään kasvattaa siellä **erilaisia asioita.** Kasvatan kukkia, **vihanneksia** ja yrttejä. Minulla on myös muutama hedelmäpuu, jotka tuottavat herkullisia omenoita, päärynöitä ja luumuja. Viljelyn lisäksi nautin myös siitä, että voin kävellä puutarhassani ja **ihailla** kaikkia niitä erilaisia kasveja ja eläimiä, jotka asuttavat

Min trädgård

Min trädgård är min lyckliga plats. Jag går ut dit varje dag, regn eller solsken, och ägnar tid åt att sköta mina växter. Jag har lite av **allt - grönsaker**, frukt, blommor och örter. Jag har till och med några höns som hjälper till att hålla skadedjuren borta. Jag börjar mina dagar i trädgården med att hämta ägg från hönorna. Sedan kollar jag mina grönsaker och ser till att de får tillräckligt med vatten och sol. Jag ogräsrensar rabatterna och plockar bort eventuella insekter som **angriper** växterna. När **allt är klart** sitter jag tillbaka och njuter av naturens lugn och ro.

Jag har alltid älskat att tillbringa tid i min trädgård. Det är något med att vara omgiven av naturen och all den **skönhet som** den har att erbjuda. Jag tycker att det är en mycket fridfull och lugnande plats. Jag tillbringar ofta tid i min trädgård med att bara koppla av och njuta av landskapet. Jag tycker också om att arbeta i min trädgård och odla saker. Jag har en ganska stor trädgård och jag tycker om att odla en mängd **olika** saker i den. Jag odlar blommor, **grönsaker** och örter. Jag har också några fruktträd som producerar läckra äpplen, päron och plommon. Förutom att odla saker tycker jag också om att bara gå runt i min trädgård och **beundra** alla olika växter och djur som bor där. Jag har

puutarhaa. Olen viettänyt vuosien varrella monia tunteja työskennellessäni tehdäkseni **puutarhastani** paikan, joka on paitsi kaunis myös toimiva. Rakastan katsella lintujen lentelyä ja kuunnella niiden laulua. Joskus otan jopa kirjan esiin ja luen puutarhassa kaiken luomani kauneuden ympäröimänä. **Puutarhanhoito** on intohimoni, ja se tuo minulle niin paljon iloa. Jokainen päivä puutarhassani on hyvä päivä.

Rakastan muun muassa kokkaamista, joten hyvin varusteltu yrttitarha on minulle hyvin **tärkeä.** Timjami, basilika, oregano, rosmariini, salvia ja laventeli ovat vain muutamia yrttejä, joita haluan kasvattaa puutarhassani, jotta voin käyttää niitä kokatessani aterioita itselleni tai **vieraille**. Toinen asia, joka on minulle tärkeää puutarhassani, on varmistaa, että puutarhassa on runsaasti väriä. Tämän tavoitteen saavuttamiseksi kasvatan monenlaisia kukkia, kuten **ruusuja**, liljoja, päivänkakkaroita, tulppaaneja, impatiineja, kehäkukkia jne. Sen lisäksi, että lisään väriä kukkien avulla, haluan myös lisätä mielenkiintoa käyttämällä erilaisia **kuvioita** puutarhassa. Saatan esimerkiksi istuttaa saniaisia korkeiden auringonkukkien alle tai hostoja piikikkäiden koristeheinien **rinnalle.** Riippumatta siitä, mitä muuta elämässä on meneillään, puutarhassa työskentely auttaa minua aina tuntemaan olevani enemmän yhteydessä luontoon ja rauhassa itseni kanssa.

tillbringat många timmar under årens lopp med att göra min **trädgård** till en plats som inte bara är vacker utan också funktionell. Jag älskar att titta på fåglarna som fladdrar runt och lyssna på deras sång. Ibland tar jag till och med fram en bok och läser i trädgården medan jag är omgiven av all den skönhet som jag har skapat. **Trädgårdsarbete** är min passion och det ger mig så mycket glädje. Varje dag i min trädgård är en bra dag.

Jag älskar att laga mat och därför är det **viktigt** för mig att ha en välfylld örtträdgård. Timjan, basilika, oregano, rosmarin, salvia och lavendel är bara några av de örter som jag gillar att odla i min trädgård så att jag kan använda dem när jag lagar mat till mig själv eller till **gäster**. En annan sak som är viktig för mig när det gäller min trädgård är att se till att det finns gott om färg i hela trädgården. För att uppnå detta mål odlar jag en mängd olika blommor, bland annat **rosor**, liljor, prästkragar, tulpaner, impatiens, ringblommor osv. Förutom att ge färg med blommor gillar jag också att skapa intresse genom att använda olika **texturer i** hela trädgården. Jag kan till exempel plantera ormbunkar under höga solrosor eller hostor **tillsammans med** spetsiga prydnadsgräs. Oavsett vad som händer i livet **lyckas** arbetet i min trädgård alltid hjälpa mig att känna mig mer förknippad med naturen och känna mig i fred med mig själv.

Ymmärtämisen kysymykset

1. Missä on kirjailijan puutarha?

2. Kuinka monta kanaa kirjailijalla on?

3. Mitä kirjailija tekee puutarhassa joka päivä?

4. Miksi kirjailija pitää puutarhasta?

5. Mitä yrttejä kirjailija istuttaa puutarhaan?

6. Miksi kirjailijalle on tärkeää, että hänen puutarhassaan on monia värejä?

7. Miten kirjailija tuo vaihtelua puutarhaansa?

8. Miltä kirjailijasta tuntuu, kun hän työskentelee puutarhassaan?

9. Mikä saa kirjailijan tuntemaan yhteenkuuluvuutta ollessaan puutarhassaan?

10. Miksi jokainen päivä kirjailijan puutarhassa on hyvä päivä?

Frågor om förståelse

1. Var ligger författarens trädgård?

2. Hur många höns har författaren?

3. Vad gör författaren i trädgården varje dag?

4. Varför tycker författaren om trädgården?

5. Vilka örter planterar författaren i trädgården?

6. Varför är det viktigt för författaren att det finns många färger i hans trädgård?

7. Hur skapar författaren variation i sin trädgård?

8. Hur känner sig författaren när han arbetar i sin trädgård?

9. Vad är det som gör att författaren känner sig uppslukad när han är i sin trädgård?

10. Varför är varje dag i författarens trädgård en bra dag?

Ostoksille meno

Rakastan käydä **ostoksilla** ostoskeskuksessa. On aina niin hauskaa kävellä ympäriinsä ja katsella kaikkia eri kauppoja. Kauppakeskuksessa on jokaiselle jotakin, ja sieltä löytää aina hyviä tarjouksia vaatteista, kengistä ja asusteista. Aloitan ostosreissuni **yleensä** kävelemällä ostoskeskuksen **pääsisäänkäynnin** kautta. Sieltä suunnistan ensin suosikkiliikkeisiini. Kun olen käynyt läpi nämä liikkeet, kävelen ympäriinsä ja katson, onko muissa paikoissa meneillään alennusmyyntejä. Vietän ostoskeskuksessa yleensä pari tuntia, ennen kuin lopulta teen ostokseni. Tykkään aina käyttää aikaa ostoksilla käymiseen**, koska** haluan varmistaa, että saan **juuri** sitä, mitä haluan. Lisäksi se on vain hauskempaa niin!

Minusta on aina niin **kiehtovaa** katsella ihmisiä, kun olen ostoskeskuksessa. Ostosten tekotavasta voi todella päätellä paljon ihmisestä. Jotkut ihmiset ovat hyvin järjestelmällisiä ja käyttävät aikaa, kun taas toiset tuntuvat vain nappaavan **kaiken** mahdollisen ja suuntaavan kassalle mahdollisimman nopeasti. On myös niitä ostajia, jotka tuntuvat olevan kiinnostuneempia puhumaan kännykkäänsä tai kirjoittamaan tekstiviestejä kuin katselemaan tavaroita! Olitpa millainen shoppailija tahansa,

Att shoppa

Jag älskar att **shoppa** i köpcentret. Det är alltid så roligt att gå runt och titta på alla olika butiker. Det finns något för alla i köpcentret, och det är alltid ett bra ställe att hitta erbjudanden på kläder, skor och accessoarer. Jag **brukar** börja min shoppingtur med att gå genom köpcentrets **huvudentré.** Därifrån går jag först till mina favoritbutiker. Efter att ha tittat igenom dessa butiker går jag runt och ser om det pågår någon rea på andra ställen. Det slutar oftast med att jag tillbringar ett par timmar i köpcentret innan jag slutligen gör mina inköp. Jag gillar alltid att ta god tid på mig när jag shoppar **eftersom** jag vill vara säker på att jag får **exakt** det jag vill ha. Dessutom är det bara roligare på det sättet!

Jag tycker alltid att det är så **fascinerande** att titta på folk när jag är i köpcentret. Man kan verkligen få reda på mycket om en person genom hur de handlar. Vissa människor är mycket metodiska och tar god tid på sig, medan andra bara verkar ta **allt** de kan och gå till kassan så fort som möjligt. Det finns också de shoppare som verkar mer intresserade av att prata i mobiltelefon eller sms:a än att titta på varorna! Oavsett vilken typ av shoppare du är verkar dock alla tycka om att fönstershoppa - även om du faktiskt inte köper något. Det är bara något med att titta på alla vackra saker i

kaikki tuntuvat nauttivan näyteikkunaostoksista - vaikka et itse asiassa ostaisikaan mitään. Kauniiden tavaroiden katseleminen **näyteikkunoista** tekee minut onnelliseksi. Joskus haaveilen siitä, millaista olisi, jos minulla olisi varaa **kaikkeen** näkemääni! Kaiken kaikkiaan päivän viettäminen ostoskeskuksessa on yksi lempiharrastuksistani. Se on loistava tapa rentoutua ja rentoutua, ja samalla saa myös vähän liikuntaa (jos kävelee tarpeeksi paljon). Lisäksi on **aina välillä** kiva hankkia itselleen uusi paita tai pari kenkiä!

Minulla oli **pitkä** työpäivä, ja minulla oli vihdoin omaa aikaa, joten päätin mennä ostoksille ostoskeskukseen. Tarvitsin uusia vaatteita **tulevaa** sesonkia varten. Heti kun astuin sisään, näin kaikki kirkkaat valot ja kiiltävät näyteikkunat. Suuntasin ensin suosikkiliikkeeseeni ja aloin selata hyllyjä. Löysin muutaman söpön topin ja sovitin niitä pukuhuoneessa. Kun katselin itseäni peilistä, kuulin jonkun tulevan viereiseen pukuhuoneeseen. Tunnistin hänen äänensä yhdeksi työtoveristani. Tervehdimme ja aloimme jutella työasioista. Muutaman minuutin kuluttua lopetimme molemmat ja lähdimme **omille** teillemme, mutta törmäsimme toisiimme myöhemmin uudelleen. Jatkoimme juttelua ja huomasimme, että meillä oli enemmän yhteistä kuin luulimme. Joimme juomamme loppuun ja lähdimme sitten yöksi kotiin, pitkän ostospäivän **uuvuttamina** mutta kuitenkin tyytyväisinä ostoksiimme.

skyltfönstren som gör mig glad. Ibland fantiserar jag om hur det skulle vara om jag hade råd med **allt** jag ser! På det hela taget är en dag i köpcentret en av mina favoritsysselsättningar. Det är ett utmärkt sätt att koppla av och varva ner samtidigt som man får lite motion (om man går runt tillräckligt mycket). Dessutom är det **alltid** trevligt att unna sig en ny skjorta eller ett par skor då och då!

Jag hade haft en **lång** dag på jobbet och hade äntligen lite tid för mig själv, så jag bestämde mig för att shoppa i köpcentret. Jag behövde några nya kläder för den **kommande** säsongen. Så fort jag gick in såg jag alla ljusa lampor och glänsande skyltfönster. Jag gick först till min favoritbutik och började bläddra bland hyllorna. Jag hittade några söta toppar och provade dem i omklädningsrummet. När jag tittade på mig själv i spegeln hörde jag någon komma in i omklädningsrummet bredvid mitt. Jag kände igen rösten som en av mina medarbetare. Vi hälsade på varandra och började prata om jobbet. Efter några minuter blev vi båda färdiga och gick **skilda** vägar, men sprang på varandra igen senare. Vi fortsatte att prata och insåg att vi hade mer gemensamt än vi trodde. Vi drack färdigt våra drinkar och gick sedan hem för kvällen, **utmattade** efter en lång shoppingdag men nöjda med våra inköp ändå.

Ymmärtämisen kysymykset

1. Missä säilytät tavaroita mieluiten?

2. Mikä on suosikkikauppasi ostoskeskuksessa?

3. Kuinka kauan yleensä viivyt ostoskeskuksessa?

4. Mitä mieltä olet ihmisistä, jotka viettävät paljon aikaa ostoskeskuksessa?

5. Mitä teet mieluiten ostoskeskuksessa?

6. Oletko koskaan ostanut jotain ostoskeskuksesta, vaikka et oikeasti tarvinnut sitä?

7. Miten reagoit, kun näet ostoskeskuksessa jotain, josta haluaisit todella pitää, mutta se on liian kallis?

8. Oletko koskaan nähnyt jotain ostoskeskuksessa ja miettinyt, kuka sen ostaisi?

9. Mitä mieltä olet ihmisistä, jotka ostoskeskuksessa keskittyvät kännyköihinsä sen sijaan, että katselisivat kauppoja?

Frågor om förståelse

1. Var vill du lagra mest?

2. Vilken är din favoritbutik i köpcentret?

3. Hur länge brukar du stanna i köpcentret?

4. Vad tycker du om människor som tillbringar mycket tid i köpcentret?

5. Vad är din favoritsak att göra på köpcentret?

6. Har du någonsin köpt något på köpcentret när du egentligen inte behövde det?

7. Hur reagerar du när du ser något i köpcentret som du verkligen skulle vilja ha, men som är för dyrt?

8. Har du någonsin sett något i köpcentret och undrat vem som skulle köpa det?

9. Vad tycker du om människor som är upptagna med sina mobiltelefoner i köpcentret i stället för att titta på butikerna?

Markkinoilla

Herään aikaisin lauantaiaamuna, koska haluan päästä **markkinoille** ennen kuin siellä on liikaa väkeä. Heitän päälleni vaatteet ja lähden ulos ovesta, ja nappaan matkalla mukaani uudelleenkäytettävät kassini. Kävellessäni alan suunnitella, mitä haluan tehdä tulevalle viikolle. Tiedän, että haluan **paahtaa** vihanneksia ainakin kerran, joten minun on ostettava laadukkaita vihanneksia. Haluan myös tehdä keittoa tai muhennosta, joten minun on hankittava myös lihaa. Täytyy katsoa, mikä näyttää hyvältä, kun pääsen sinne. Markkinat ovat vain muutaman korttelin päässä, ja näen jo myyntikojujen pystytykset ja **ihmiset**.

Saavun torille ja menen suoraan vihannestiskille. Valikoima on kaunis, ja täytän pussini erilaisilla **tuoreilla** tuotteilla. Juttelen viljelijän kanssa vähän aikaa, ja hän suosittelee minulle muutamia reseptejä. Olen innostunut kokeilemaan niitä. Keskustelen **viljelijöiden** kanssa ostosteni aikana, tutustun heihin ja heidän tuotteisiinsa. Kun olen saanut kaikki tarvitsemani vihannekset, siirryn lihaosastolle. Tässä kohtaa olen hieman epäröivä, sillä en ole varma, mitä haluan ostaa. Päätän lopulta valita kananlihan, koska se on monikäyttöistä ja sitä voi käyttää monissa eri ruokalajeissa. Ostan myös muutamia eri lihapaloja ja varmistan, että hankin

På marknaden

Jag vaknar tidigt på lördagsmorgonen och är ivrig att ta mig till **marknaden** innan det blir för mycket folk. Jag tar på mig några kläder och går ut genom dörren och tar mina återanvändbara väskor på vägen. Medan jag går börjar jag planera vad jag vill göra för veckan som kommer. Jag vet att jag vill **steka** grönsaker minst en gång, så jag måste köpa grönsaker av god kvalitet. Jag vill också göra en soppa eller gryta, så jag måste köpa lite kött också. Jag får se vad som ser bra ut när jag kommer dit. Marknaden ligger bara några kvarter bort, och jag kan redan se hur stånden står uppställda och hur **folk** rör sig där.

Jag kommer till marknaden och går direkt till grönsaksståndet. Utbudet är vackert, och jag fyller mina påsar med en mängd olika **färska** produkter. Jag pratar med bonden en stund och han rekommenderar mig några recept. Jag är förväntansfull och vill prova dem. Jag pratar med **jordbrukarna** medan jag handlar och lär känna dem och deras produkter. När jag har alla grönsaker jag behöver går jag vidare till köttavdelningen. Jag är lite mer tveksam här, eftersom jag inte är säker på vad jag vill köpa. Till slut bestämmer jag mig för kyckling eftersom det är mångsidigt och kan användas i en mängd olika rätter. Jag köper också

ruohokasvatettua naudanlihaa ja vapaana kasvatettua **kanaa**. Lihakauppias oli ystävällinen mies, joka oli aina iloinen pitkistä työtunneista huolimatta. Hän paketoi kananrintani ja pihvini ennen kuin jutteli minulle viikonlopun suunnitelmistaan. Hyvästelin hänet ja jatkoin matkaani. Nappasin myös munia ja juustoa maitotuotteiden osastolta.

Markkinat olivat täynnä ihmisiä, jotka kaikki halusivat päästä **käsiksi tarjolla oleviin** tuoreisiin tuotteisiin ja lihaan. Ilmassa leijui valkosipulin ja sipulin tuoksu, ja naurun ja keskustelun äänet täyttivät ilman. Kuljin väkijoukon läpi ja valitsin muut tarvitsemani tavarat viikkokauppaostoksia varten. Täytin **korini** hedelmillä ja vihanneksilla, pastalla ja leivällä, ennen kuin suuntasin kassalle. Jono oli pitkä, mutta se eteni nopeasti. Lopulta viimeisetkin **ruokaostokset** oli ostettu, ja oli aika lähteä kotiin. Auto lastattiin täyteen, ja matka kotiin oli pitkä ja vaivalloinen. Liikenne oli vilkasta ja kuumuus ahdistava. Lopulta auto ajoi pihatielle, ja helpotus oli käsin kosketeltavissa. Talo oli viileä ja hiljainen, ja se oli turvapaikka torin **vilinän** jälkeen. Kaikki oli laitettu pois, ja pian talossa vallitsi taas tavanomainen rauha ja hiljaisuus. Minulla oli kaikki, mitä tarvitsin tehdäkseni **herkullisia** aterioita itselleni ja perheelleni. Oli hyvä olla kotona.

några olika köttstycken och ser till att få gräsbetat nötkött och frigående **kyckling**. Slaktaren var en vänlig man som alltid var glad trots de långa arbetsdagarna. Han lindade in mina kycklingbröst och min biff innan han pratade med mig om sina helgplaner. Jag tog farväl av honom och fortsatte min väg. Jag tog också några ägg och ost från mejeriavdelningen.

Marknaden var full av människor som alla var ivriga att få **tag på de** färska råvaror och det kött som erbjöds. Luften var tjock av lukten av vitlök och lök och ljudet av skratt och samtal fyllde luften. Jag tog mig fram genom folkmassan och plockade ut de andra varor som jag behövde till min veckoaffär. Jag fyllde min **korg** med frukt och grönsaker, pasta och bröd innan jag gick till kassan. Kön var lång, men den gick snabbt. Till slut var de sista **matvarorna** inköpta och det var dags att åka hem. Bilen lastades och körningen hem var lång och tråkig. Trafiken var tung och värmen var tryckande. Till slut körde bilen in på uppfarten och lättnaden var påtaglig. Huset var svalt och tyst och det var en fristad efter marknadens liv och rörelse. Allting ställdes undan och huset var snart tillbaka till sin vanliga lugn och ro. Jag hade allt jag behövde för att laga några **goda** måltider till mig själv och min familj. Det var skönt att vara hemma.

Ymmärtämisen kysymykset

1. Minne henkilö on menossa?

2. Mitä henkilö haluaa ostaa?

3. Kuinka monta laukkua henkilöllä on?

4. Kuinka kaukana markkinat ovat?

5. Mitä henkilö tekee juuri nyt?

6. Mitä kaikkea markkinoilla on?

7. Kuinka monta ihmistä markkinoilla on?

8. Kauanko henkilöltä kesti ostaa kaikki?

9. Miten henkilö lähti kotiin?

10. Mitä henkilö teki kotiin päästyään?

Frågor om förståelse

1. Vart är personen på väg?

2. Vad vill personen köpa?

3. Hur många väskor har personen?

4. Hur långt bort ligger marknaden?

5. Vad gör personen just nu?

6. Vad är allt på marknaden?

7. Hur många personer finns på marknaden?

8. Hur lång tid tog det för personen att köpa allt?

9. Hur åkte personen hem?

10. Vad gjorde personen när han eller hon kom hem?

Kahvilassa

Oli kolea **syksyinen** aamu, ja olin sopinut tapaavani ystäväni Lilyn lempikahvilassamme kahvilla. Kääriydyin lämpimästi takkiin ja huiviin ja lähdin liikkeelle. Lehdet putoilivat puista, ja ilmassa oli pientä nipistelyä, mutta aurinko paistoi, ja päivästä oli luvassa kaunis. Käveliessäni **ajattelin,** miten hyvä oli, että minulla oli Lilyn kaltainen ystävä. Olimme olleet ystäviä jo vuosia, siitä asti kun tapasimme **yliopistossa**. Meitä yhdisti rakkaus kahviin ja kahviloissa jutteleminen. Vaikka asuimme nyt eri puolilla kaupunkia, tapasimme silti kerran viikossa kahvilla. Kun saavuin kahvilaan, Lily odotti minua jo siellä. Halasimme toisiamme tervehdykseen ja tilasimme sitten kahvit. Löysimme pöydän ikkunan vierestä ja istahdimme alas juttelemaan. **Kahvi** oli herkullista, kuten aina, ja oli niin mukava vaihtaa kuulumisia Lilyn kanssa. Puhuimme viikostamme, työstämme ja tulevaisuuden suunnitelmistamme. Lilyn kanssa oli aina niin helppo puhua, ja minusta tuntui, että voisin kertoa hänelle mitä tahansa. Jonkin ajan kuluttua meillä alkoi tulla nälkä ja **päätimme** tilata ruokaa.

Tilasimme ruokamme ja löysimme istumapaikan ikkunan ääreltä. Aurinko paistoi sisään ikkunasta, mikä sai kaiken tuntumaan lämpimältä ja iloiselta. Juttelimme

På ett café

Det var en kylig höstmorgon och jag hade bestämt mig för att träffa min vän Lily på vårt favoritkafé för att ta en kaffe. Jag svepte in mig varmt i min kappa och halsduk och gick iväg. Löven höll på att falla från träden och luften hade en liten gnutta, men solen sken och det lovade att bli en vacker dag. Medan jag gick **tänkte** jag på hur bra det var att ha en vän som Lily. Vi hade varit vänner i flera år, ända sedan vi träffades på **universitetet**. Vi hade knutit band till varandra genom vår kärlek till kaffe och genom att tillbringa tid med att prata på kaféer. Även om vi nu bodde i olika delar av staden lyckades vi fortfarande träffas på kaffe en gång i veckan. Jag kom till caféet och Lily var redan där och väntade på mig. Vi kramade varandra hej och beställde sedan våra kaffesorter. Vi hittade ett bord vid fönstret och slog oss ner för att prata. **Kaffet** var utsökt, som alltid, och det var så trevligt att prata med Lily. Vi pratade om vår vecka, våra jobb och våra planer för framtiden. Det var alltid så lätt att prata med Lily och det kändes som om jag kunde berätta allt för henne. Efter ett tag började vi bli hungriga och **bestämde oss för att** beställa lite mat.

Vi **beställde** vår mat och hittade en plats vid fönstret. Solen sken in genom fönstret och fick allt att kännas

ruokaa syödessämme ja nautimme yksinkertaisesta ilosta, kun olimme toistemme **seurassa**. Kahvilassa oli vilkasta, mutta se ei tuntunut ahtaalta. Ilmassa oli rauhan ja tyytyväisyyden tunne. Kun söimme ruokamme loppuun, istuimme vielä hetken nauttien rauhallisesta **ilmapiiristä**. Juttelimme jonkin aikaa erilaisista asioista, joita elämässämme oli tapahtunut. Oli niin mukavaa vaihtaa kuulumisia ystäväni kanssa ja vain **rentoutua**. Aurinko paistoi ikkunasta, ja tuntui, ettei **mikään** voinut pilata täydellistä päiväämme.

Yhtäkkiä kuulin kovan kolahduksen. Käännyin ympäri ja näin, että mies oli pudonnut katon läpi ja makasi lattialla edessämme. Hän oli pölyn ja roskien peit**ossa** ja näytti olevan tajuton. Ystäväni ja minä olimme molemmat shokissa, kun tuijotimme lattialla makaavaa miestä. Emme tienneet, mitä tehdä tai kenelle soittaa apua. Istuimme vain tuijottamassa häntä, emmekä tienneet, mitä tehdä. Muutaman minuutin kuluttua tajusin sen ja soitin hätänumeroon. Operaattori kertoi, että joku tulisi pian paikalle. Suljin puhelimen ja kerroin ystävälleni, mitä **operaattori** oli sanonut. Me molemmat vain istuimme siinä odottamassa, että apu saapuisi. Se tuntui ikuisuudelta, mutta lopulta ambulanssi tuli paikalle. Ensihoitajat ryntäsivät sisään ja alkoivat hoitaa miestä. He totesivat nopeasti, että hän oli loukkaantunut ja hänet oli vietävä **sairaalaan**.

varmt och glatt. Vi pratade medan vi åt vår mat och njöt av det enkla nöjet att vara i varandras **sällskap**. Caféet var upptaget, men det kändes inte trångt. Det fanns en känsla av frid och tillfredsställelse i luften. När vi hade ätit upp vår mat satt vi en stund till och njöt av den fridfulla **atmosfären**. Vi pratade en stund om olika saker som hade hänt i våra liv. Det var så skönt att få prata med min vän och bara **slappna av**. Solen sken genom fönstret och det kändes som om **ingenting** kunde förstöra vår perfekta dag.

Plötsligt hörde jag en hög ljudlig krasch. Jag vände mig om och såg att en man hade fallit genom taket och låg på golvet framför oss. Han var **täckt av** damm och skräp och verkade vara medvetslös. Min vän och jag var båda i chock när vi stirrade på mannen som låg på golvet. Vi visste inte vad vi skulle göra eller vem vi skulle ringa efter hjälp. Vi satt bara där och stirrade på honom utan att veta vad vi skulle göra. Efter några minuter kom jag till mig själv och ringde 112. Operatören sa till mig att någon skulle vara där snart. Jag lade på luren och berättade för min vän vad **operatören** hade sagt. Vi båda satt bara där och väntade på att hjälpen skulle komma. Det kändes som en evighet, men till slut **kom** en ambulans. Ambulanspersonalen rusade in och började arbeta med mannen. De konstaterade snabbt att han var skadad och behövde föras till **sjukhus**.

Ymmärtämisen kysymykset

1. Mistä katolta putoava mies tulee?

2. Miksi nainen on ystävänsä kanssa kahvilassa?

3. Mikä on kahden ystävän suosikkikahvila?

4. Kuinka kauan ystävät ovat tunteneet toisensa?

5. Mikä on kahden ystävän lempijuoma?

6. Missä kaupungissa nämä kaksi ystävää asuvat?

7. Kuinka usein nämä kaksi ystävää tapaavat?

8. Mistä nämä kaksi ystävää puhuvat, kun he tapaavat ensimmäisen kerran lempikahvilassaan?

9. Mikä on näiden kahden ystävän lempiruoka?

10. Miksi Lilyn kanssa on niin helppo puhua?

Frågor om förståelse

1. Varifrån kommer mannen som faller genom taket?

2. Varför är kvinnan med sin väninna på kaféet?

3. Vilket är de två vännernas favoritkafé?

4. Hur länge har de två vännerna känt varandra?

5. Vad är de två vännernas favoritdryck?

6. I vilken stad bor de två vännerna?

7. Hur ofta träffas de två vännerna?

8. Vad pratar de två vännerna om när de först träffas på sitt favoritkafé?

9. Vad är de två vännernas favoritmat?

10. Varför är det så lätt att prata med Lily?

Uimaan meno

Uima-allas oli aina **virkistävä** paikka, eikä tänäänkään ollut toisin. Aurinko paistoi ja vesi näytti houkuttelevalta. Vedin syvään henkeä ja sukelsin sisään, tuntien veden viileän syleilyn. Uin kierroksia jonkin aikaa nauttien liikunnasta ja mahdollisuudesta puhdistaa päätäni. Jonkin ajan kuluttua nousin ulos ja kuivasin itseni, sitten istahdin pyyhkeelle rentoutumaan auringossa. Suljin silmäni ja annoin **lämmön** huuhtoutua päälleni ja tunsin, kuinka lihakseni alkoivat rentoutua. Yhtäkkiä kuulin roiskeita ja avasin silmäni nähdäkseni pikkusiskoni **melomassa** matalassa päässä. Hymyilin ja katselin häntä hetken, nousin sitten ylös ja kävelin hänen luokseen. Juttelimme hetken ja meloimme yhdessä nauttien toistemme seurasta. Pian vanhempamme liittyivät seuraamme, ja vietimme loppuiltapäivän uiden ja leikkien yhdessä. Oli aina niin mukavaa viettää aikaa perheen kanssa uima-altaalla. Vedessä olemisessa on **jotakin sellaista**, joka vain tuntuu kokoavan ihmiset yhteen. Ehkä se johtuu siitä, että vedessä olemme kaikki samanarvoisia - emme voi piilotella puutteita tai teeskennellä olevamme jotain, mitä emme ole. Tai ehkä se johtuu vain siitä, että se on hauskaa! Oli syy **mikä tahansa**, olin vain iloinen siitä, että saimme kaikki kokoontua yhteen ja nauttia toistemme seurasta näin erityisessä paikassa.

Att simma

Poolen var alltid en **uppfriskande** plats att vara på, och idag var det inte annorlunda. Solen sken och vattnet såg inbjudande ut. Jag tog ett djupt andetag och dök ner och kände vattnets svala omfamning. Jag simmade varv ett tag och njöt av motionen och chansen att rensa huvudet. Efter en stund gick jag ut och torkade mig, och satte mig sedan på en handduk för att slappna av i solen. Jag slöt ögonen och lät **värmen** skölja över mig och kände hur mina muskler började slappna av. Plötsligt hörde jag ett plask och öppnade ögonen för att se min lillasyster **paddla** runt i den grunda delen. Jag log och tittade på henne en stund, sedan reste jag mig upp och gick över till henne. Vi pratade lite och paddlade runt tillsammans och njöt av varandras sällskap. Snart anslöt sig våra föräldrar till oss och vi tillbringade resten av eftermiddagen med att simma och spela spel tillsammans. Det var alltid så trevligt att tillbringa tid med familjen vid poolen. Det är **något** med att vara i vattnet som bara verkar föra människor samman. Kanske beror det på att vi alla är lika när vi är i vattnet - vi kan inte dölja våra brister eller låtsas vara något vi inte är. Eller kanske är det bara för att det är roligt! **Oavsett vad** anledningen är så var jag bara glad att vi alla kunde samlas och njuta av varandras sällskap på en så speciell plats.

Aurinko paistoi iholleni, ja ilmassa oli kloorin haju. Kuulin lasten naurun ja roiskumisen äänet altaassa. Makasin altaan vieressä olevalla aurinkotuolilla, nautin auringosta ja **nautin** päivästä. Minulla oli silmät kiinni ja olin juuri vaipumaisillaan uneen, kun kuulin jonkun kävelevän luokseni. Avasin silmäni ja näin naisen seisovan vieressäni. Hänellä oli yllään bikinit ja pyyhe kietoutuneena vyötärönsä ympärille. Hänellä oli pitkät vaaleat hiukset ja siniset silmät. Hänellä oli kädessään **aurinkorasvapullo.** "Haittaako, jos laitan aurinkovoidetta selkääsi?" hän kysyi. "Ei, ei se haittaa", sanoin ja istahdin ylös, jotta hän yltäisi selkääni. Tunsin hänen kätensä ihollani, kun hän levitti aurinkovoidetta.

Hänen kosketuksensa oli lempeä, ja aurinkovoiteen tuoksu rauhoitti. Suljin taas silmäni ja annoin itseni rentoutua. Kuulin hänen liikkumisensa äänen, mutta en avannut silmiäni. Tyydyin vain makaamaan auringossa ja kuuntelemaan rantaan törmäävien aaltojen ääntä. Muutaman minuutin kuluttua hän käveli pois, ja avasin silmäni. Seurasin häntä, kun hän käveli takaisin lepotuoliinsa ja otti kirjansa käteensä. Hän asettui tuoliin ja alkoi lukea. Suljin taas silmäni ja annoin itseni vaipua uneen. **Näin unta,** että uin uima-altaassa ja tein kierroksia edestakaisin. Vesi oli virkistävää ja viileää ihollani.

Solen slog ner på min hud och lukten av klorin låg i luften. Jag kunde höra ljudet av barn som skrattade och plaskade runt i poolen. Jag låg på en solstol vid poolen och njöt av solen och **njöt av** dagen. Jag hade ögonen stängda och skulle precis somna när jag hörde någon komma fram till mig. Jag öppnade ögonen och såg en kvinna stå bredvid mig. Hon hade en bikini på sig och en handduk lindad runt midjan. Hon hade långt blont hår och blå ögon. Hon höll en flaska **solkräm i** handen. “Har du något emot att jag smörjer in din rygg med solkräm?” frågade hon. “Nej, det är okej”, sa jag och satte mig upp så att hon kunde nå min rygg. Jag kände hennes händer på min hud när hon applicerade solkrämen.

Hennes beröring var mild och doften av solkrämen var lugnande. Jag slöt ögonen igen och lät mig slappna av. Jag kunde höra **ljudet av att** hon rörde sig, men jag öppnade inte ögonen. Jag var nöjd med att bara ligga där i solen och lyssna på ljudet av vågorna **som slog** mot stranden. Efter några minuter gick hon iväg och jag öppnade ögonen. Jag tittade på henne när hon gick tillbaka till sin solstol och plockade upp sin bok. Hon satte sig i stolen och började läsa. Jag slöt ögonen igen och lät mig glida in i sömnen. Jag **drömde** att jag simmade i poolen och gjorde varv fram och tillbaka. Vattnet var uppfriskande och svalkande på min hud.

Ymmärtämisen kysymykset

1. Missä kertoja oli kertomuksen alkaessa?

2. Mitä kertoja haistaa avatessaan silmänsä?

3. Mitä kertoja kuulee avatessaan silmänsä?

4. Kenen aurinkovoidetta nainen antaa kertojalle?

5. Mistä kertoja näkee unta?

6. Miksi meressä uiminen on kertojalle niin erityistä?

7.Miltä tuntuu vesi, jossa kertoja ui?

8. Mitä kertoja näkee, kun hän nousee vedestä?

9. Mitä nainen tekee sen jälkeen, kun hän on laittanut aurinkovoidetta kertojalle?

10. Mistä kertoja ja nainen puhuvat tarinan lopussa?

Frågor om förståelse

1. Var befann sig berättaren när han började berättelsen?

2. Vad luktar berättaren när han öppnar ögonen?

3. Vad hör berättaren när han öppnar ögonen?

4. Vems solkräm ger kvinnan berättaren?

5. Vad drömmer berättaren om?

6. Varför är det så speciellt för berättaren att simma i havet?

7.Hur känns vattnet som berättaren simmar i?

8. Vad ser berättaren när han kommer upp ur vattnet?

9. Vad gör kvinnan efter att hon har smörjt in berättaren med solkräm?

10. Vad pratar berättaren och kvinnan om i slutet av berättelsen?

Nurmikon leikkuu

Kello on kymmenen aamulla **kesälauantaina,** ja aurinko paahtaa jo armottomasti. Kävelet autotalliin hakemaan ruohonleikkuria ja tunnet olevasi **tuomittu** pakkotyöhön. Aloitat nurmikonleikkuun ja pidät huolen siitä, että leikkaat hitaasti, ettet missaa yhtään kohtaa. Leikatessasi mietit, miten hyvältä tuntuu olla ulkona raikkaassa ilmassa. Kun alat työntää ruohonleikkuria edestakaisin nurmikolla, näet **silmäkulmastasi** naapurin. Vilkutat ja tervehdit, ja hän vilkuttaa takaisin.

Muutaman minuutin kuluttua olet valmis, ja menet naapurin talolle juomaan olutta hänen kanssaan etupihalla. On **täydellinen** päivä - ei liian kuuma, ja kevyt tuuli puhaltaa. Istut puun varjossa, siemailet olutta ja juttelet naapurisi kanssa. Tällaiset päivät saavat arvostamaan kesäaikaa. Sitten **suuntaat** sisälle ansaitulle oluelle. Lysähdät tuolille kuistille, avaat tölkin ja huokaat tyytyväisenä. Ruohonleikkurin ääni häipyy taustalle, kun rentoudut varjossa ja nautit hetken **rauhasta.** Olut maistuu erityisen hyvältä kaiken sen kovan työn jälkeen kuumuudessa. Olin juuri lähdössä sisälle, kun kuulin melua naapurista.

Se kuulosti siltä kuin joku olisi itkenyt. Lopetin leikkuun ja kävelin pihojamme erottavan aidan luo. Kurkistin

Klippning av gräsmattan

Klockan är 10 på förmiddagen en **sommarlördag och** solen slår redan obarmhärtigt ner. Du går ut i garaget för att hämta gräsklipparen och känner att du är **dömd** till hårt arbete. Du börjar klippa gräsmattan och ser till att gå lugnt och sakta så att du inte missar några ställen. Medan du klipper tänker du på hur bra det känns att vara ute i den friska luften. När du börjar skjuta gräsklipparen fram och tillbaka över gräsmattan ser du din granne ur **ögonvrån**. Du vinkar och säger hej, och han vinkar tillbaka.

Efter några minuter är du klar och går till din granne för att ta en öl med honom i trädgården. Det är en **perfekt** dag - inte för varmt, med en lätt bris som blåser. Du sitter där i skuggan av trädet, dricker din öl och pratar med din granne. Det är sådana här dagar som gör att man uppskattar sommaren. Sedan **går** du in och tar en välförtjänt öl. Du slår dig ner i en stol på verandan, öppnar burken och suckar nöjt. Ljudet från gräsklipparen försvinner i bakgrunden medan du slappnar av i skuggan och njuter av stundens **lugn.** Ölet smakar extra gott efter allt hårt arbete i värmen. Jag skulle just gå in när jag hörde ett ljud i grannhuset.

Det **lät** som om någon grät. Jag slutade klippa och gick

yli ja näin naapurini, rouva Johnsonin, itkevän kuistikeinussaan. Huusin häntä, mutta hän ei kuullut minua. Kiipesin aidan yli ja kävelin hänen luokseen. “Rouva Johnson, oletteko kunnossa?” Kysyin. Hän katsoi minua kyyneleet silmissään ja pudisti päätään. “Ei, en ole kunnossa”, hän sanoi. “Kissani kuoli eilen.” Olin järkyttynyt. En tiennyt, mitä sanoa. Seisoin vain kömpelösti, enkä tiennyt, mitä tehdä. Lopulta laitoin käteni hänen **olkapäälleen** ja sanoin: “Olen niin pahoillani, rouva Johnson. Jos voin jotenkin auttaa, kertokaa minulle. “ Hän pudisti päätään ja sanoi: “Ei, kukaan ei voi tehdä **mitään.**” Sitten hän nousi ylös ja meni sisälle taloonsa. Seisoin siinä hetken tietämättä, mitä tehdä. Sitten palasin leikkaamaan nurmikkoa. Kun olin lopettanut, en voinut olla ajattelematta rouva Johnsonia ja hänen kissaansa.

över till staketet som skiljde våra trädgårdar åt. Jag tittade över och såg min granne, Mrs Johnson, gråta på sin verandagunga. Jag ropade på henne, men hon hörde mig inte. Jag klättrade över staketet och gick över till henne. “Mrs Johnson, mår ni bra?” Jag frågade. Hon tittade upp på mig med tårar i ögonen och skakade på huvudet. “Nej, jag mår inte bra”, sade hon. “Min katt dog i går.” Jag blev chockad. Jag visste inte vad jag skulle säga. Jag stod bara där obekvämt och visste inte vad jag skulle göra. Till slut lade jag min hand på hennes **axel** och sa: “Jag är så ledsen, mrs Johnson. Om det finns något jag kan göra för att hjälpa till, så säg till. “ Hon skakade på huvudet och sa: “Nej, det finns **ingenting som** någon kan göra”. Sedan reste hon sig upp och gick in i sitt hus. Jag stod där en stund och visste inte vad jag skulle göra. Sedan gick jag tillbaka till att klippa min gräsmatta. När jag blev klar kunde jag inte låta bli att tänka på Mrs Johnson och hennes katt.

Ymmärtämisen kysymykset

1. Mitä kello on?

2. Missä henkilö leikkaa?

3. Miltä henkilöstä tuntuu?

4. Miksi henkilön on leikattava hitaasti?

5. Millainen sää on?

6. Mitä henkilö tekee niiton jälkeen?

7. Mitä henkilö kuulee ennen kotiinlähtöä?

8. Kuka on rouva Johnsonin kanssa?

9. Miksi rouva Johnson itkee?

10. Mitä henkilö sanoo rouva Johnsonille?

Frågor om förståelse

1. Vad är klockan?

2. Var är personen som klipper?

3. Hur känner sig personen?

4. Varför måste personen klippa långsamt?

5. Vad är det för väder?

6. Vad gör personen efter klippningen?

7. Vad hör personen innan han går hem?

8. Vem är med fru Johnson?

9. Varför gråter fru Johnson?

10. Vad säger personen till fru Johnson?

Hiustenleikkaus

Olin aikonut käydä kampaajalla jo viikkoja, mutta jotenkin aina onnistunut lykkäämään sitä. Mutta **joulun** ollessa aivan nurkan takana tiesin, etten voisi enää lykätä sitä. En halunnut ilmestyä perheeni jouluillalliselle rähjäisen näköisenä. Niinpä aikaisin jouluaamuna lähdin kampaamoon. Vaikka oli aikaista, kampaamo oli jo täynnä muita ihmisiä, jotka **olivat menossa** kampaajalle joulun kunniaksi. Otin paikkani jonossa ja odotin vuoroani. Lopulta oli minun vuoroni tuolissa. Stylisti, ystävällinen nainen nimeltä Jill, kysyi minulta, mitä haluan. “Vain trimmauksen, ei mitään liian rajua”, vastasin. Jill ryhtyi töihin ja leikkasi hiuksiani. Työskennellessäni aloin rentoutua. Tuntui hyvältä, että vihdoin pidin huolta itsestäni. Olin viime aikoina ollut niin kiireinen, juossut ympäriinsä huolehtimassa kaikista muista, että olin antanut omien tarpeideni jäädä taka-alalle. Mutta ei **enää**. Tästä lähtien aioin varata aikaa itselleni.

Kun Jill oli valmis, katsoin peiliin ja olin tyytyväinen näkemääni. Hiukseni näyttivät siistiltä ja kiillotetuilta - täydelliset juhlapäiviä varten. **Kiitin** Jilliä ja **muistin** tulla useammin. Tästä lähtien pidän huolta ennen kaikkea itsestäni. Hän ryhtyi hiuksiani leikkaamaan. Ajattelin, kuinka kiitollinen olin siitä, että olin vihdoin päässyt

Att klippa sig

Jag hade tänkt klippa mig i flera veckor, men på något sätt lyckades jag alltid skjuta upp det. Men med **julen** runt hörnet visste jag att jag inte kunde skjuta upp det längre. Jag ville inte dyka upp till familjens julmiddag och se ut som en slarvig röra. Så tidigt på juldagsmorgonen begav jag mig till salongen. Trots att det var tidigt var salongen redan upptagen med andra människor som **skulle** fixa håret inför julen. Jag tog plats i kön och väntade på min tur. Slutligen var det min tur i stolen. Stylisten, en vänlig kvinna vid namn Jill, frågade mig vad jag ville ha. “Bara en trimning, inget alltför drastiskt”, svarade jag. Jill började arbeta och klippte bort mitt hår. Medan hon arbetade började jag slappna av. Det kändes bra att äntligen ta hand om mig själv. Jag hade varit så upptagen den senaste tiden, jag hade sprungit runt och tagit hand om alla andra, att jag hade låtit mina egna behov falla bort. Men inte **längre**. Från och med nu skulle jag ta mig tid för mig själv.

När Jill var klar tittade jag mig i spegeln och var nöjd med vad jag såg. Mitt hår såg snyggt och polerat ut - perfekt för semestermöten. Jag **tackade** Jill och gjorde en **mental** anteckning om att komma tillbaka oftare. Från och med nu kommer jag att ta hand om mig själv först och främst. Hon började arbeta med att klippa

leikkauttamaan hiukseni. Tuntui hyvältä tietää, että näyttäisin edustuskelpoiselta **jouluillalliselta**. Enää minun ei tarvitsisi huolehtia siitä, että perheeni kiusaisi minua "rähjäisestä" ulkonäöstäni. Muutaman minuutin kuluttua kampaaja oli saanut hiukseni leikattua ja föönasi ne nopeasti. Katsoin peiliin ja olin tyytyväinen näkemääni - siististi leikattu ulkonäkö, joka sopisi täydellisesti jouluillalliselle. Nyt kun hiustenleikkaus oli ohi, voisin keskittyä nauttimaan joulusta perheeni kanssa. Ja olin siitä entistäkin kiitollisempi.

Se tuntui niin **vapauttavalta**, ja rakastin sitä, miltä uusi hiustenleikkaukseni näytti. Kun olin maksanut kampaukseni, menin kotiin ja aloin pakata matkalle. **En malttanut** odottaa, että pääsin esittelemään uutta ulkonäköäni perheelleni ja ystävilleni. Tiesin, että he olisivat yllättyneitä nähdessään minut. Lentopäivänä saavuin lentokentälle hyvissä ajoin. Kuljin turvatarkastuksen läpi ongelmitta, ja pian olin jo matkalla. Heti kun saavuin määränpäähäni, tunsin jännityksen ilmassa. Joulu oli todellakin ilmassa! Perheeni oli tervehtimässä minua lentokentällä, ja he kaikki olivat ihmeissään uudesta kampauksestani. Vietimme seuraavat päivät **vaihtaen kuulumisia** ja nauttien toistemme **seurasta**. Jouluaattona menimme kaikki yhdessä kirkkoon ja lauloimme joululauluja. Se oli täydellinen juhla. Olen niin iloinen, että kävin leikkauttamassa hiukseni ennen lomalle lähtöä.

mitt hår. Jag tänkte på hur tacksam jag var för att jag äntligen hade hunnit klippa mig. Det kändes bra att veta att jag skulle se presentabel ut till **julmiddagen**. Jag skulle inte längre behöva oroa mig för att min familj skulle retas med mig om mitt "slarviga" utseende. Efter några minuter var stylisten klar med att klippa mitt hår och gav mig en snabb föning. Jag tittade i spegeln och var nöjd med vad jag såg - en ren frisyr som skulle passa perfekt till julmiddagen. Nu när min klippning var avklarad kunde jag fokusera på att njuta av julen med min familj. Och det var jag ännu mer tacksam för.

Det kändes så **befriande** och jag älskade hur min nya frisyr såg ut. När jag hade betalat för frisyren gick jag hem och började packa för min resa. Jag **kunde inte** vänta med att visa upp min nya look för min familj och mina vänner. Jag visste att de skulle bli förvånade när de såg mig. På dagen för mitt flyg anlände jag till flygplatsen med gott om tid över. Jag gick igenom säkerhetskontrollen utan några problem och snart var jag på väg. Så snart jag kom fram till min destination kunde jag känna spänningen i luften. Julen låg definitivt i luften! Min familj var där för att välkomna mig på flygplatsen, och de var alla förvånade över min nya frisyr. Vi tillbringade de närmaste dagarna med att **prata** och njuta av varandras **sällskap**. På julafton gick vi alla till kyrkan tillsammans och sjöng julsånger. Det var en perfekt semester. Jag är så glad att jag klippte mig innan jag åkte på semester.

Ymmärtämisen kysymykset

1. Mitä päähenkilön piti tehdä ennen joulua?

2. Miten päähenkilö suhtautui itsestään huolehtimiseen?

3. Kuka leikkasi päähenkilön hiukset?

4. Miksi päähenkilön perhe kiusasi häntä?

5. Miltä päähenkilöstä tuntui kampauksen jälkeen?

6. Mitä päähenkilö teki kampauksen jälkeen?

7. Miten päähenkilön perhe reagoi hänen hiustenleikkaukseensa?

8. Mitä päähenkilö teki jouluaattona?

9. Mikä teki päähenkilön kokemuksesta erityisen?

10. Mitä tapahtuisi, jos päähenkilö ei leikkauttaisi hiuksiaan?

Frågor om förståelse

1. Vad måste huvudpersonen göra före jul?

2. Hur kände huvudpersonen för att ta hand om sig själv?

3. Vem klippte huvudpersonens hår?

4. Varför skulle huvudpersonens familj retas med henne?

5. Hur kände sig huvudpersonen efter att ha klippt sig?

6. Vad gjorde huvudpersonen efter att ha klippt sig?

7. Hur reagerade huvudpersonens familj på hennes frisyr?

8. Vad gjorde huvudpersonen på julafton?

9. Vad gjorde huvudpersonens upplevelse mer speciell?

10. Vad skulle hända om huvudpersonen inte klippte sig?

Puisto

Aurinko oli laskemassa, ja puisto oli tyhjä. Istuin penkillä odottamassa **ystävääni**. Meidän oli tarkoitus tavata täällä tunti sitten, mutta hän oli aina myöhässä. Juuri kun olin luovuttamassa ja menossa kotiin, näin hänen juoksevan minua kohti. “Olen niin pahoillani”, hän huohotti päästyään penkille. “Junani oli **myöhässä.**” “Ei se mitään”, sanoin **anteeksiantavasti**. “Tulin juuri itse tänne.” Istuimme alas ja juttelimme jonkin aikaa, ja kerroimme toistemme elämästä sitten viime tapaamisemme. Keskustelu sujui **helposti**, ja tuntui kuin aikaa ei olisi kulunut lainkaan siitä, kun viimeksi näimme toisemme. Auringon laskiessa hyvästelimme ja lähdimme omille teillemme. Seuraavan kerran tapasimme eri puistossa. Hän oli taas myöhässä, mutta minua ei haitannut. Oli mukavaa, että oli joku, jonka kanssa puhua ja joka **ymmärsi** minua. Puhuimme unelmistamme ja **toiveistamme**, asioista, joita halusimme tehdä elämällämme. Hän kertoi minulle suunnitelmistaan matkustaa ympäri maailmaa, ja minä kerroin unelmastani tulla kirjailijaksi. Auringon laskiessa jälleen, hyvästelimme jälleen kerran ja lupasimme pitää yhteyttä tällä kertaa.

Vuodet kuluivat, ja **ystävyytemme** säilyi vahvana, vaikka asuimme nyt eri puolilla maata. Pidimme yhteyttä

Parken

Solen höll på att gå ner och parken var tom. Jag satt på bänken och väntade på min **vän**. Vi hade planerat att träffas här för en timme sedan, men hon var alltid sen. Precis när jag höll på att ge upp och gå hem såg jag henne springa mot mig. "Jag är så ledsen", flämtade hon när hon kom fram till bänken. "Mitt tåg blev **försenat.**" "Det är okej", sa jag **förlåtande**. "Jag kom precis hit själv." Vi satte oss ner och pratade en stund och berättade om varandras liv sedan vi träffades senast. Samtalet flöt **lätt** och det kändes som om det inte hade gått någon tid alls sedan vi sågs sist. När solen gick ner tog vi farväl och gick skilda vägar. Nästa gång vi träffades var det i en annan park. Återigen var hon sen, men det gjorde inget. Det var skönt att ha någon att prata med som **förstod** mig. Vi pratade om våra drömmar och **ambitioner,** saker vi ville göra med våra liv. Hon berättade om sina planer på att resa runt i världen, och jag delade med mig av min dröm om att bli författare. När solen gick ner på en annan dag tog vi farväl ännu en gång och lovade att hålla kontakten den här gången.

Åren gick, och vår **vänskap** förblev stark även om vi nu bodde i olika delar av landet. Vi höll kontakten genom brev och tillfälliga telefonsamtal och delade

kirjeiden ja satunnaisten puhelinsoittojen välityksellä ja jaoimme toisillemme kuulumisia elämästämme. Kun hän ilmoitti menevänsä naimisiin, en ollut **yllättynyt** - hän oli aina ollut **seikkailunhaluinen** tyyppi. Mutta kun hän kysyi minulta, olisinko hänen morsiusneitonsa hääseremoniassaan, joka järjestetään toisella puolella maailmaa asuinpaikastani... se vaati vakuuttamista! Lopulta en kuitenkaan voinut antaa parhaan ystäväni mennä naimisiin ilman minua vierellään, joten peloistani huolimatta (ja hänen aneltuaan sitä kovasti!) **suostuin lähtemään** mukaan siihen, mikä osoittautui elämäni **seikkailuksi**.

Hääpäivä koitti vihdoin. Minua jännitti, mutta olin innoissani saadessani olla mukana näin tärkeässä hetkessä ystäväni elämässä. Seremonia oli kaunis, ja hän näytti onnelliselta vannoessaan valansa. **Sen jälkeen** juhlimme suurissa juhlissa - tuntui siltä, että kaikki hänen tuttunsa olivat tulleet juhlimaan hänen kanssaan! Se oli **maaginen** päivä, jota en koskaan unohda, ja ystävyytemme vain vahvistui tuon seikkailun jälkeen. Nyt, vuosia myöhemmin, pidämme edelleen yhteyttä. Olemme molemmat **muuttuneet** paljon siitä, kun tapasimme ensimmäisen kerran, mutta ystävyytemme on yhtä vahva kuin ennenkin. Aina kun tapaamme - olipa se sitten puistossa tai **toisella puolella maailmaa** - tuntuu kuin aikaa ei olisi kulunut lainkaan.

nyheter från våra liv med varandra. När hon meddelade att hon skulle gifta sig blev jag inte **förvånad** - hon hade alltid varit den **äventyrliga** typen. Men när hon frågade mig om jag ville vara hennes hedersbrudtärna vid hennes bröllopsceremoni som ägde rum på andra sidan jordklotet från där jag bodde... det krävdes en del övertalning! I slutändan kunde jag dock inte låta min bästa väninna gifta sig utan mig vid hennes sida, så trots mina farhågor (och efter mycket bön från henne!) **gick** jag **med på** att följa med på vad som visade sig bli sitt livs **äventyr.**

Bröllopsdagen kom äntligen. Jag var nervös, men glad över att få vara en del av ett så viktigt ögonblick i min väns liv. Ceremonin var vacker och hon såg lycklig ut när hon avgav sina löften. **Efteråt** firade vi med en stor fest - det verkade som om alla hon kände hade kommit för att fira med henne! Det var en **magisk** dag som jag aldrig kommer att glömma, och vår vänskap blev bara starkare efter detta äventyr. Nu, flera år senare, håller vi fortfarande kontakten. Vi har båda **förändrats** mycket sedan vi träffades första gången, men vår vänskap är lika stark som någonsin. När vi träffas - oavsett om det är i en park eller på **andra sidan** jorden - känns det som om ingen tid har gått alls.

Ymmärtämisen kysymykset

1. Missä kirjailija ja hänen ystävänsä tapasivat ensimmäisen kerran?

2. Miksi kirjailijan ystävä myöhästyi tapaamisesta?

3. Mistä ystävät puhuivat, kun he tapasivat uudelleen vuosia myöhemmin?

4. Miltä kirjailijasta tuntui osallistua ystävänsä hääjuhlaan?

5. Kuvaile hääseremonian puitteita.

6. Miten näiden kahden naisen välinen ystävyys on muuttunut ajan myötä?

7. Mikä on kirjailijan unelma?

8. Minne kirjailijan ystävä aikoo matkustaa?

9. Miksi kirjailija epäröi osallistua ystävänsä hääjuhlaan?

Frågor om förståelse

1. Var träffades författaren och hennes vän första gången?

2. Varför var författarens vän sen till mötet?

3. Vad pratade vännerna om när de träffades igen flera år senare?

4. Hur kändes det för författaren att delta i sin väns bröllopsceremoni?

5. Beskriv hur bröllopsceremonin går till.

6. Hur har vänskapen mellan de två kvinnorna förändrats med tiden?

7. Vad är författarens dröm?

8. Vart planerar författarens vän att resa?

9. Varför tvekade författaren att delta i sin väns bröllopsceremoni?

www.ingramcontent.com/pod-product-compliance
Lightning Source LLC
LaVergne TN
LVHW010602160826
845677LV00013B/3218
* 9 7 9 8 3 5 3 1 8 4 9 3 5 *